E. von Braun

Geschichte der Burggrafen von Altenburg

E. von Braun

Geschichte der Burggrafen von Altenburg

ISBN/EAN: 9783743365964

Hergestellt in Europa, USA, Kanada, Australien, Japan

Cover: Foto ©ninafisch / pixelio.de

Manufactured and distributed by brebook publishing software (www.brebook.com)

E. von Braun

Geschichte der Burggrafen von Altenburg

Geschichte
der Burggrafen von Altenburg.

Von

E. von Braun,
Herzoglich Sachsen-Altenburgischem Archivar.

Mit einer Stammtafel und drei Abbildungen.

Altenburg.
In Commission der Bonde'schen Hofbuchhandlung.
1868.

Kaiser Friedrich I. Barbarossa.

Einleitung.

Bei der Geschichte der Burggrafen von Altenburg müssen wir zunächst auf die Zeit des Kaisers Friedrich I., mit dem Beinamen Barbarossa, dessen Bildniß dieser Schrift beiliegt, und beziehentlich auf den Ursprung der Reichsunmittelbarkeit Altenburgs zurückgehen.

Nachdem nämlich dieser Kaiser zwischen 1152 und 1157 einen Theil der Wiprechtinischen Lande des Grafen von Abenberg, darunter die Schlösser Leißnig und Colditz, durch Kauf für das Reich erworben und die Provinz Pleißen[1]) mit der Hauptstadt Alten-

---

[1]) Der Pleißengau, zu dem der Kaiser Friedrich I. die von dem Graf von Abenberg erkauften Besitzungen geschlagen hatte, führte von da an den Namen der Provinz Pleißen.

Wir begegnen in der vorliegenden Schrift öfters den Bezeichnungen Oster- und Pleißnerland, und der Verfasser hält es daher für zweckmäßig, zunächst Folgendes darüber zu bemerken.

Genau angegeben, begann das Osterland von dem Ursprung der Elster und erstreckte sich bis nach Merseburg und Halle, so daß im weitern Sinne auch das Voigtland und das Pleißnerland als Theile desselben gerechnet wurden.

Hingegen umfaßte das ehemalige eigentliche Markgrafthum Osterland nur den Landstrich zwischen der Saale und der Elster, erstreckte sich aber jenseits der Saale auch noch über die Districte Eckartsberga, Laucha, Sulza, Dornburg, Kamburg und Jena bis nach Kahla hinauf, indem die Sorben vor ihrer Unterjochung zuletzt auch in diesen Gegenden sich ausgebreitet hatten.

Wenn daher die meißnische Erbvereinigung mit Böhmen im Jahre 1482 (s. Kreyßig, Beiträge zur Historie der Chur- und Fürstlichen Sächsischen Lande 2c., Theil II., Seite 438) als die vorzüglichsten Städte des Osterlandes Leipzig, Delitzsch, Zorbigk, Pegau, Luca, Borna, Groitzsch, Altenburg, Krimmitschau und Ronneburg nennt, so ist das Pleißnerland hier offenbar nur als ein Theil des Osterlandes gemeint.

Was nun das Pleißnerland insbesondere betrifft, so wurde diese Benennung ebenfalls bald im engern, bald im weitern Sinne genommen, indem man nach erstern nur das östliche Fürstenthum Altenburg, die Umgebungen von diesem Ort und von den Städten Schmölln (Schmölle) und Luca, als den alten Sorbischen Gau Plisni (Pleiße), von dem Fluß Plisni oder dem Schlammfluß so genannt, darunter verstand, im weitern Sinne aber den ganzen zwischen der Elster und der Mulde gelegenen Landstrich zu demselben rechnete, welcher längs der Pleiße von Zwickau bis nach Merseburg und Halle hinauf gelegen ist. Urkundlich kommt der Name Plisnia (Pleißnerland) erst im Jahre 1172, also zur Zeit des Kaisers Friedrich I., vor.

burg dadurch wesentlich vergrößert hatte, führte er, als er im Jahre 1165 das erste Mal persönlich in Altenburg anwesend war [2]), eine nicht unbedeutende Veränderung in der Rechtspflege wie in der Verwaltung durch das von ihm daselbst gestiftete Burggrafenamt herbei. In welchem Jahre Altenburg aber von ebendemselben Kaiser zur Reichsstadt erhoben worden ist, wissen wir nicht genau, doch dürfte der Ursprung der Reichsunmittelbarkeit dieser Stadt in dem Zeitraum von 1157 bis 1165 zu suchen sein. [3])

Im weitern Sinne gehörten ferner zu dem Pleißnerland auch der nordöstliche über und neben diesem gelegene ganze Leipziger Kreis des Königreichs Sachsen, wie solcher bis zum Jahre 1815 bestand, ingleichen im Westen die Zeitzer Pflege, gegen Osten und Süden die Schönburgischen Herrschaften, die Umgebungen von Chemnitz und Zwickau, sowie die Pflege Krimmitschau.

Bis in die Mitte des 13. Jahrhunderts gehörte das Pleißnerland dem deutschen Kaiser, beziehentlich dem deutschen Reiche, und selbst später wurde dasselbe stets als ein besonderes, von dem Osterland zu unterscheidendes Land angesehen.

In früheren Zeiten war Merseburg die Hauptstadt des gesammten Pleißnerlandes. Denn sie war zugleich unter König Heinrich I. und den Nachfolgern aus seinem Hause, wie auch noch unter den Kaisern von der Fränkischen und Schwäbischen Dynastie, eine kaiserliche Pfalz oder Residenz und der Sitz des höchsten kaiserlichen Gerichts über diese Provinz.

[2]) So lange Altenburg eine Reichsstadt war, hielten die deutschen Kaiser sich öfters auf dem hiesigen Schlosse auf.

Sie pflegten nämlich, wenn sie im deutschen Reiche herumzogen, die Fürsten bald hier, bald dort um sich zu versammeln, um Angelegenheiten des Reichs mit ihnen zu verhandeln.

Da die Kaiser gewöhnlich mit einem zahlreichen Gefolge sich einfanden, so möchte es als nicht unwahrscheinlich erscheinen, daß schon frühzeitig die ganze rechte Seite des damaligen Schlosses Altenburg nach der Stadt herein und nach Pauritz zu zur Aufnahme eines großen kaiserlichen Gefolges in bewohnbarem Stande gewesen sein dürfte.

In Begleitung des Kaisers Friedrich I. befanden sich bei seinem ersten Besuch in Altenburg am 26. Februar 1165 der König Ladislaus von Böhmen mit seinen Brüdern Tipold und Heinrich; der Erzbischof Wichmann zu Magdeburg; die Bischöfe Eberhard zu Bamberg, Hermann zu Verden; Daniel zu Prag, Gerung zu Meißen, Johann zu Merseburg, ingleichen die Markgrafen Otto von Meißen und Dietrich von der Lausitz, Landgraf Ludwig von Thüringen, die Grafen Dedo von Rochlitz, Heinrich von Wettin und Friedrich von Brene und der Burggraf Hermann von Meißen. Kaiser Friedrich I. war darauf wiederholt in Altenburg, und zwar 1172 zur Einweihung des mehrere Jahre vorher von ihm gestifteten Bergerklosters vor Altenburg, zu Weihnachten 1173, nach Beendigung eines Feldzugs gegen Polen, im October 1180, wo er angeblich den Pfalzgraf Otto von Wittelsbach mit dem Herzogthum Baiern belieh, im November 1181, zu Pfingsten 1183 und im September 1188.

Meyner, Zeitschrift v. J. 1796, Seite 348.
Huth a. a. O. S. 36.
Löbe, Beschr. und Gesch. der Stadt Altenburg. 1848. S. 5.
[3]) Huth a. a. O. S. 30.

Daß Altenburg erst unter dem Kaiser Friedrich I. zu einer Reichsstadt erhoben worden ist, dürfte der Umstand zur Genüge beweisen, daß das Burggrafenamt daselbst, wie wohl außer Zweifel steht, unter ihm gegründet worden ist. Denn dieses wurde durch jene Erhebung erst nothwendig, weil Altenburg durch dieselbe dem pleißnischen Landgericht entzogen wurde und nun

Das Schloß und die Stadt Altenburg waren zu jener Zeit in zwei Theile getheilt, wovon das Schloß den einen, die Stadt den andern ausmachte.

Die Stadt, welche, wie das Schloß, unmittelbar unter den deutschen Kaisern stand, genoß alle den Reichsstädten zukommende Freiheiten. .

Das Schloß war bis in das vierzehnte Jahrhundert in drei Curien abgetheilt, von denen die eine dem Burggrafen[4]), die andere dem pleißnischen Landrichter[5]) und die dritte den Burgmännern zu verschiedenen Abtheilungen zu Wohnungen angewiesen war. Jede dieser Curien hatte ihre eigene Capelle, zu St. Martin, zu St. Georg und zu St. Gertrud[6]).

---

einer andern höhern Instanz bedurfte, die eben den Burggrafen übertragen wurde.

Nach einer im hiesigen Rathsarchiv sich vorfindenden urkundlichen Nachricht eignete Kaiser Otto II. im Jahre 977 dem Bischof Hugo von Zeitz die Städte Altenburg und Zeitz nebst mehreren Ortschaften in dem Gau Plisni zu. Die Zeiten hatten sich also jetzt unter Kaiser Friedrich I. bedeutend geändert.

[4]) Die Burggrafen und die Burgmänner trugen die Curie, welche sie auf der Reichsburg zu Altenburg inne hatten, vom Reiche zu Lehen.

Zu dem burggräflichen Theile gehörte der Mantelthurm, von dem später weiter die Rede sein wird.

Die Burggrafen besaßen den sogenannten hintern Theil des Schlosses, auch das kleine Schloß genannt. Diese burggräfliche Curie war mit einer Mauer geschlossen, über welche aus dem obern, abschüssig ablaufenden Theile eine Brücke führte.

Die Curie der Burgmänner lag in dem vorderen Theile, linker Hand, an der Stelle, wo die Kurfürstin Margarethe von Sachsen, aus dem Hause Oesterreich, im Jahre 1465 ein Kornhaus erbauen ließ.

Tauchnitz, Collectaneen über Altenburg. D.

Meißner a. a. O. S. 348.

Löbe a. a. O. S. 27. 29.

[5]) Links beim Eintritt in das Schloß befand sich die Curie des nicht erblichen pleißnischen Landrichters.

[6]) Die Capelle St. Martin (die Hauscapelle der altenburgischen Burggrafen) lag ebenfalls, wie die burggräfliche Curie, in dem mittleren Theile des Schlosses. Anfangs war dieselbe der Obsorge des Bergerklosters anvertraut; im Jahre 1290 ging aber die Verwaltung derselben auf das deutsche Ordenshaus zu Altenburg über.

Im Jahre 1301 geschieht der St. Martinscapelle zum letzten Mal Erwähnung. Statt ihrer wird in einer Urkunde v. J. 1420 einer Kirche St. Martin, unter dem Schlosse bei Naschhausen gelegen, als bereits vorhanden gedacht, welche ein Ersatz für die inzwischen eingegangenen Capellen St. Martin und St. Gertrud sein sollte, als nach und nach die verschiedenen Abtheilungen des Schlosses in Ein Besitzthum vereinigt und jene, als dem Bedürfniß nicht mehr entsprechend, eingezogen worden waren.

Inzwischen war auch die Erhebung der Capelle St. Georg, welche dem Range nach allen übrigen Capellen des Schlosses voranstand, zu einer Collegiatstiftskirche erfolgt.

Mitth. der Gesch. u. Alterthumsforsch. Gesellsch. des Osterlandes z. A. Th. III. S. 294 sq.

Löbe a. a. O. S. 27.

Im Jahre 1288 verband Markgraf Dietrich von Thüringen die Gertrudencapelle auf dem Schlosse zu Altenburg mit dem Bergerkloster daselbst,

Unter dem Schutze der Reichsburg hatte Altenburg bald zu einem ansehnlichen Ort sich herangebildet. Mit dem Zeitalter der Hohenstaufen begann ja überhaupt das deutsche Bürgerthum durch den Einfluß weltgeschichtlicher Ereignisse zu einer vollkommneren Freiheit sich aufzuschwingen.

Wie nämlich in Italien und in dem westlichen Nachbarlande des deutschen Reichs das städtische Leben sich entwickelte, so begann dasselbe auch in Deutschland sich zu entfalten und mehr und mehr Geltung sich zu verschaffen, und mochte vornehmlich das organisirende Auftreten des Kaisers Friedrich I. in Welschland den Anstoß dazu gegeben haben.

Was nun den damaligen Grundbesitz in hiesiger Gegend anlangt, so befand sich derselbe, wie auch an anderen Orten des deutschen Reichs, größtentheils in den Händen des Adels. Auch das von den Sorben durch König Heinrich I. in Pleißen im zehnten Jahrhundert eroberte Land wurde vielfach an denselben verliehen.

Was dagegen von dem Rest des Sorbenlandes nicht an den Adel verliehen worden, wurde zu Kaiserlichen oder Reichsdomainen gemacht, deren Verwaltung Voigten übertragen wurde, welche gleichzeitig die Functionen eines Commandanten über das ihnen anvertraute Schloß und eines Richters in dessen Gebiet hatten [7]).

Eine ähnliche Bestimmung hatten auch die Burggrafen von

---

nachdem er dieselbe von der Gerichtsbarkeit des Präfecten von Starkenberg und des Johann von Trochenau befreit hatte.

[7]) Zur Beschützung des Landes gegen äußere Angriffe, zugleich aber auch, um die neu unterjochten Sorben im Zaum zu halten, legte König Heinrich I. im zehnten Jahrhundert an vielen Orten des deutschen Reichs feste Schlösser an, welche er als Mannlehne an Adelige unter der Bedingung verlieh, daß diese, als kaiserliche Voigte oder Domainen-Verwalter, zugleich die Vertheidigung und Rechtspflege in dem der Burgwart zugetheilten District übernähmen.

Man nannte die zu einer solchen Burg gehörigen Districte auch selbst Burgwarten, nämlich aus dem Grunde, weil deren Insassen zur Wartung, d. h. zur Bewachung und Vertheidigung der Burg, verbunden waren.

Jeder neunte Mann, dessen Unterhalt den Uebrigen oblag, wurde zum Garnisondienst auf der Burg, oder, wie man zu sagen pflegte, als Wartemann ausgehoben.

Diese Benennung eines solchen Districts ging zugleich auch auf die in ihm gelegene Burg selbst über und erhielt sich bis gegen das zwölfte Jahrhundert.

Die um eine Burg herum wohnenden freien Leute nannte man von den Burgen Bürger, zu deren Unterhalt der dritte Theil der um die Burgen und Städte herum von den Landleuten erbauten Früchte diente.

Als sorbische Vesten mögen hier unter anderen genannt werden: Schmölln, Krimmitschau, Zwickau, Glauchau, Zwenkau, Steubitz, Borna, Regis, Kohren, Windischleuba, Altenburg, Frohburg, Pleißenburg, Waldenburg, Stein (Posterstein), Breitenhain, Gnandstein.

Burg ist nach Barthold's Geschichte der deutschen Städte (Leipzig 1850—1853) von dem Wort „bergen" abzuleiten, so daß Bürger also soviel, als der sich oder einen Andern Bergende, der Geborgene, bedeuten möchte.

Altenburgs*), deren Geschichte hier vorliegt, und die der Verfasser hiermit der Oeffentlichkeit mit der Bitte um freundliche Aufnahme übergibt.

*) Oft findet man Voigt und Burggraf abwechselnd gebraucht.
Der Name Burggraf kam gegen die Mitte des zwölften Jahrhunderts in allgemeinen Gebrauch.
Es gab verschiedene Burggrafschaften im deutschen Reiche, von denen aber die Burggrafschaft Altenburg, nächst der zu Meißen und der-Dohnaischen, als die einzige wirkliche Burggrafschaft hiesiger Lande anzusehen ist.
Andere waren und blieben bloße Festungscommandantschaften oder durch Seitenlinien burggräflicher Familien gestiftete Titularburggrafschaften.
Märcker, Das Burggrafthum Meißen. 1842. S. 16.

Inhalts-Verzeichniß.

Einleitung . . . . Seite III

Allgemeiner Theil.

Abschnitt I.
Von der Abstammung der Burggrafen von Altenburg 1

Abschnitt II.
Von den Rechtsverhältnissen zur Zeit der Reichsunmittelbarkeit Altenburgs 4

Abschnitt III.
Von der Verfassung der Burggrafschaft Altenburg 9

Specieller Theil.

Abschnitt IV.
(Mit einer Stammtafel.)

Geschichte der Burggrafen von Altenburg, einschließlich einer Abhandlung über das Leben und Wirken des Hoch- und Teutschmeisters Dietrich von Altenburg, als des letzten Sprößlings aus dem edlen Geschlecht der altenburgischen Burggrafen 21

Abschnitt V.
Territorial- und sonstige Verhältnisse der Burggrafen von Altenburg, wobei auch von den Einkünften derselben die Rede ist . 55

Abschnitt VI.
(Schluß.)

Fernere Schicksale des Burggrafthum Altenburg nach Absterben des letzten Burggrafen, Albrecht IV. von Altenburg . . . 64

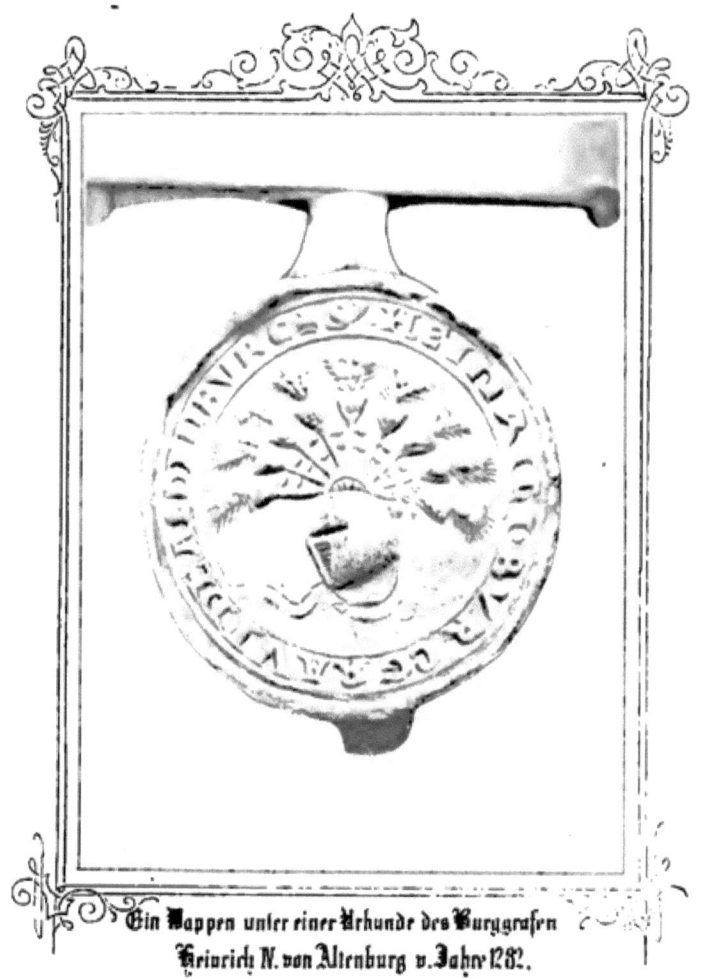

Ein Wappen unter einer Urkunde des Burggrafen
Heinrich N. von Altenburg v. Jahre 1282.

Allgemeiner Theil.

Abschnitt I.
Von der Abstammung der Burggrafen von Altenburg.

In Bezug auf die Abstammung der altenburgischen Burggrafen findet man verschiedene Ansichten[a]). Der Grund, weshalb Dies der Fall, ist wol kein anderer, als weil man keine einzige Urkunde aus jenen Zeiten besitzt, welche die Dunkelheit über die wahre Abstammung dieser Burggrafen uns aufklärt. Was daher von Anderen in dieser Beziehung mitgetheilt wird, beruht mehr oder weniger auf Vermuthung.

---

[a]) Die Dunkelheit, in welche oft die Geschichte der mittleren Zeiten gehüllt ist, macht es schwierig, wenn nicht ganz unmöglich, etwas Gewisses über die wahre Abstammung der Burggrafen von Altenburg anzugeben. Im Hinblick aber darauf, daß Einige diese Burggrafen von den Burggrafen von Merseburg ableiten, Andere eine Stammverwandtschaft ebenderselben Burggrafen mit den Dynasten von Wildenfels aus der Gleichheit der Wappen folgern zu müssen glaubten, fühlt der Verfasser recht wohl, daß dieser erste Abschnitt zu kurz abgehandelt ist. Man wird mit Recht eine urkundlich belegte, specielle Ausführung der Verzweigung des fraglichen Stammes vermissen. Allein hätte der Verfasser, ohne bezügliche Belege aus Urkunden oder sonstige sichere Beweise in den Händen zu haben, vielleicht auf bloße Muthmaßungen hin, einer weitläufigen werthlosen Deduction sich unterziehen sollen? Der Geschichtschreiber Albinus leitet z. B. in seiner Meißnischen Land-Chronik die Abstammung der Burggrafen von Altenburg von den alten Herren auf Altenburg zu Merseburg aus der Aehnlichkeit der beiderseitigen Wappen her; allein es ist keineswegs erwiesen, ob das altenburgische burggräfliche Haus in irgend einer Verwandtschaft mit den ehemaligen Grafen von Merseburg gestanden. (?) Man kann mit Gewißheit wol nichts weiter in Bezug darauf anführen, als daß das Schloß Altenburg damals, als jener Heinrich (I.) von Altenburg die burggräfliche Würde daselbst erhielt, in der Pflege von Merseburg gelegen, und daß dieses adelige Geschlecht zu jener Zeit bereits in voller Blüthe stand, als solches sich ereignete.

Nimmt man aber als das wahrscheinlich Richtige an, daß der Heinrich von Altenburg, welcher öfters in Urkunden als Zeuge in den Jahren 1140—1173 vorkommt⁹), und den der Bischof Udo von Naumburg in einer Urkunde von 1140 seinen Ministerialen¹⁰) nennt, der Stammvater der Burggrafen von Altenburg,¹¹) und auch derselbe ist, welcher mit dem kaiserlichen Marschall, Rudolph Herrn von Altenburg,¹²) in der Stiftungsurkunde des Kaisers Friedrich I. über das Bergerkloster vor Altenburg vom Jahre 1172 namhaft gemacht ist, so haben wir ein früher im Pleißnerland ansässig gewesenes adeliges Geschlecht vor uns, welches von Altenburg sich nannte¹³).

⁹) Mitth. a. a. O., Bd. VI, S. 280.
¹⁰) Wie bereits erwähnt worden ist, gab Kaiser Otto II. Altenburg im Jahre 977 an den Bischof von Zeitz (vergl. Lepsius Bischöfe von Naumburg S. 6 und 174); daher konnte Bischof Udo den Heinrich von Altenburg seinen „Ministerialen" nennen.
¹¹) Wegen des kurzen Zwischenraums zwischen 1140 und 1172 ist es nicht unwahrscheinlich, daß der bereits im Jahre 1110 genannte Heinrich von Altenburg derselbe ist, welcher geschichtlich als der erste Burggraf von Altenburg im Jahre 1172 vorkommt und zugleich als der Stammvater der altenburgischen Burggrafen gilt.
¹²) Dieser Rudolph von Altenburg, welchen Einige für einen Bruder, Andere für einen Vetter des Burggrafen Heinrich I., sowie für den Stammvater der Herren von Frohburg und Flößberg halten, soll zugleich mit dem pleißnischen Landrichter Hugo von Wartha den Kaiser Friedrich I. zu der Stiftung des Bergerklosters vor Altenburg bewogen und dieselbe vielfach mit seinem Vermögen unterstützt haben.
Er war kaiserlicher Marschall, wie er selbst in der fraglichen Stiftungsurkunde bezeichnet wird, und gehörte somit zu den höheren Ministerialen. Da weitere Nachrichten über ihn fehlen, so ist anzunehmen, daß er entweder keine Söhne gehabt, oder daß er anders wo nach Gütern und Herrschaften sich umgesehen, mit welchen er vielleicht seinen früheren Geschlechtsnamen selbst verändert hat.
Mende a. a. O. III. S. 1150.
¹³) Diese Herren von Altenburg nannten sich auch „Herren im Pleißnerland," wo sie mehrere Güter besaßen.
Der Verfasser muß jedoch bemerken, daß nicht Alle, welche von Altenburg sich nannten und als Zeugen in Urkunden hie und da vorkommen, z. B. — wie geglaubt — die in der Erbstein'schen Stammtafel Mitgenannten, Ricolf, Gerhard, Siegfried, Günther, Siegbert von Altenburg, deren Herkunft wol nicht ganz gewiß ist, mit den Burggrafen von Altenburg stammverwandt gewesen sind, und daß letztere, außer der erblichen Curie auf dem Schloß, in keinem weiteren Besitzverhältniß zu diesem oder zur Stadt Altenburg standen.
Es gab aber noch ein anderes Geschlecht von Altenburg, — außer dem burggräflich altenburgischen — dessen Glieder in der Naumburger Gegend seßhaft waren und die ihren Namen von dem Dorfe Altenburg oder Almerich bei Naumburg führten.
Es ist daher wol möglich, daß Elfrid (= Sibrecht) und Gerhard von Altenburg, wahrscheinlich ein Brüderpaar, welche in einer zu Altenburg im Jahre 1181 ausgestellten Urkunde des Kaisers Friedrich I. als Zeugen genannt werden, von diesem adeligen Geschlecht von Altenburg bei Naumburg abstammten.
Bergl. Mitth. a. a O. VI. S. 292.

Dasselbe ist in den im Jahre 1866 in Druck erschienenen Mittheilungen des Herrn Geheimeraths von der Gabelentz auf Poschwitz bei Altenburg über die ausgestorbenen Adelsfamilien des Osterlandes als gänzlich erloschen angeführt [14]).

Zinnenberg (Zynneberg), ein früher bei Penig gelegenes Schloß (siehe Abschnitt V. B I.) wird als das Stammhaus der Burggrafen von Altenburg bezeichnet, was dem Verfasser insofern nicht ganz unwahrscheinlich erscheint, als es ja bekannt ist, daß dieses Schloß Zinnenberg nebst Penig bei einem nach dem Tode des Burggrafen Albrecht II. zwischen dessen beiden Söhnen Albrecht (III.) und Dietrich (II.) über die väterliche Erbschaft im Jahre 1270 abgeschlossenen Vergleich bei dem älteren Albrecht (demnach bei dem regierenden Hause) verblieben ist, sowie ja auch die späteren regierenden Burggrafen von Altenburg von der zinnenbergischen Linie stets Herren von Zinnenberg sich nannten. Durch Albrecht III. wurde nämlich die ältere Linie der Burggrafen von Altenburg zu Zinnenberg, durch dessen Bruder Dietrich II. dagegen die jüngere Linie zu Rochsburg gestiftet.

Schon in der zweiten Generation sonderte sich aber im Jahre 1205 ein Zweig mit Heinrich II. (Heinrich von Wydach) von den altenburgischen Burggrafen ab [15]), dessen Söhne Conrad und Heinrich, in Folge eines im Jahre 1228 mit ihrem Vetter Albrecht II. abgeschlossenen Erbvertrags, Ersterer die Seitenlinie Frohburg, Letzterer die von Flügelsberg stifteten [16]). Die Geschichte hat uns wenig von diesen aufbewahrt.

Als Vettern des Burggrafen Albrecht II., weshalb patrui und coheredes desselben in Urkunden genannt, mußten sie — um nur Eines anzuführen — ihre Zustimmung zu einer Schenkung geben, welche dieser Burggraf im Jahre 1229 der St. Marienkirche des Bergerklosters in Altenburg gemacht hatte [17]).

Konrad starb im Jahre 1253, während das Sterbejahr seines Bruders Heinrich von Flügelsberg unbekannt geblieben ist; man vermuthet blos, daß er um 1260 verstorben ist. Er hatte zwei Söhne, Albert und Heinrich, welche zuerst im Jahre 1262 auftreten und noch im Jahre 1292 genannt werden [18]).

Die Bezeichnung Burggraf von Altenburg bezog sich auf den Amtstitel, welchen diese Burggrafen aus kaiserlicher Gnade führten; sie selbst aber waren Burgmänner, wie die übrigen Adeligen auf dem Schloß zu Altenburg, welche gewisse Curien daselbst inne hatten.
Meyner, Nachr. v. J. 1786. S. 134.
[14]) Mitth. a. a. O. VI. S. 274 ff.
[15]) Märder a. a. O. S. 16.
[16]) Flügelsberg war wie Frohburg eine frühere Besitzung der altenburgischen burggräflichen Familie (Abth. V, B. V).
Es soll gleichbedeutend mit dem in Sachsen gelegenen Flößberg sein. S. Märder a. a. O.
[17]) Mencke a. a. O. III. S. 1072.
[18]) Mitth. a. a. O. VI. Bd. 333.
Hier nachfolgende Regesten aus Wagners Collectaneen-Sammlung Bd. I. B. und Bd. VI.

Abschnitt II.

Von den Rechtsverhältnissen zur Zeit der Reichsunmittelbarkeit Altenburgs.

Bevor wir auf die Verfassung der Burggraffchaft Altenburg übergehen, wird es wol zweckmäßig sein, zur größern Ueberficht zunächst die zur Zeit der Reichsunmittelbarkeit Altenburgs in Geltung gewesenen allgemeinen Rechtsverhältniffe zu erwähnen.

Es muß vorausbemerkt werden, daß, wie die ganze Lage der Stadt und deren älteste Geschichte, soweit sie sich verfolgen läßt, darthun, vor Allem sich nicht annehmen läßt, daß die Gründung der Stadt und besonders der städtischen Gemeinde in Altenburg nach einem vorbedachten Plan auf einmal erfolgt ist, vielmehr Alles darauf hindeutet, daß die Bildung des städtischen Wesens von kleinen Anfängen ausging, die in einzelnen Niederlaffungen unter dem Schutze der alten Burg entstanden sind.

Erst am Ende des eilften oder Anfang des zwölften Jahrhunderts erweiterte und vergrößerte sich die Stadt, und erst dann, und zwar zugleich mit der wachsenden Bevölkerung, organisirte sich die Gemeinde unter einem eignen Vorstand zu einem selbstständigen Communalwesen.

Wir besitzen keine einzige Nachricht darüber, daß diese Organisation das Werk einer landesherrlichen Befreiung gewesen sei. Die ganze Bildung erfolgte vielmehr höchst wahrscheinlich allmählig, mehr durch stillschweigende Genehmigung und Gewohnheit, und so erklärt es sich, warum wir erst im Jahre 1172 das Bestehen einer städtischen Behörde zum ersten Male erwähnt finden [19]).

Die Reichsfreiheiten, welche die Stadt Altenburg unter dem Schutze der reichsvoigteilichen Gewalt genoß, beruhten daher jedes falls auf Gewohnheitsrecht. Das bekannte Stadtprivilegium des Markgrafen Heinrich des Erlauchten von Meißen vom Jahre 1256 erwähnt diese alten Gewohnheiten ausdrücklich.

Erst zu jener Zeit also, als die Veränderung, welche die Verpfändung der Vogtei an das Meißnische Haus in der obersten Gewalt des Landes hervorrief, die Lage der Verhältnisse Alten-

---

1. B. Nr. 41. S. 60. Flügelsberg d. d. den 10. November 1272. Albert und Heinrich von Flügelsberg confirmiren einen Tausch über einige Hufen zu Münsa und Threna mit dem Bergerkloster zu Altenburg.
Nr. 46. S. 65. D. dat. 10. Febr. 1291. Die Gebrüder Albert und Heinrich von Blugelsberg bestätigen dem Bergerkloster einen Kauf über 6 Morgen Rodeland.
Bd. VI. Nr. 181. S. 383. Der nämliche Albert von Flügelsberg genehmigt im Jahre 1290, daß Frischo genannt von Münsa, dem Hofpitalarius des Bergerklosters zu Altenburg, Johannes, fünf Acker Landes zu dem genannten Kloster verkauft.

[19]) Liebe, Nachlese zu Heinrich des Erlauchten Lebensbeschreibung §. 8.

burgs selbst änderte, scheint der Wunsch der damaligen hiesigen Bürgerschaft nach einem sichern und verbrieften Recht zum ersten Mal lautbar worden zu sein [20]).

Es ist bekannt, daß die Gegend, in welcher unsre Stadt gegründet wurde, ursprünglich von Sorbenwenden bewohnt war. Als späterhin die Deutschen eindrangen, gehörten diese selbst wieder verschiedenen Nationalitäten an. Daraus erklärt es sich, daß nach den älteren schriftlichen Ueberlieferungen mehrfach fränkische [21]) und schwäbische, [22]) selbst flamländische [23]) Nationalitäten zu damaliger Zeit sich vorfinden.

Bei dem Bestehen so verschiedener Nationalitäten galt auch in unserer Gegend als entscheidender Grundsatz für das Recht, daß Jeder nach dem Rechte seines Volksstammes als einem ihm angebornen Rechte leben konnte [24]).

Nach diesem sogenannten System der persönlichen Rechte im Anschluß an die verschiedenen Nationalitäten galt daher ehemals in hiesigen Landen neben einander sächsisches, fränkisches, flämisches, selbst auch wendisches Recht, und es entspannen sich oft Streitigkeiten in dem kaiserlichen Landgericht darüber, ob eine Sache nach diesem oder jenem Rechte zu entscheiden sei.

Der Grundsatz der Persönlichkeit der Rechte ist aber auch in dem erwähnten Privilegium des Markgrafen Heinrich des Erlauchten v. J. 1256 in §. 12 für den Bereich der Stadt Altenburg ausdrücklich anerkannt, wo es heißt: Quicunque gratia refugii civitatem intraverit, super jus suum in ea degere permittetur.

Der Fall indessen, wo ein in die Stadt Altenburg Aufgenommener zu der besagten Zeit etwa nach fremdem Recht fortzuleben bestrebt war, möchte doch wol eine Ausnahme von der Regel gewesen sein, da jeder neu Aufzunehmende, dessen An- oder Nichtannahme von der Bestimmung der Bürger abhing, gewöhn-

---

[20]) Liebe a. a. O. S. 32. Tittmann, Gesch. Heinr. des Erl. Bd. I. S. 330. Mitth. a. a. O. Bd. III. S. 351 sq.
Eine ältere Urkunde des Altenburger Stadtrechts, als die von 1256, deren Original beim hiesigen Stadtrath aufbewahrt wird, ist bis jetzt nicht aufgefunden worden. Es muß aber auch zweifelhaft erscheinen, ob eine noch frühere Urkunde angenommen werden könne, welche der Stadt gleich bei ihrer Gründung ausgestellt und verliehen worden sei.
[21]) Zeugnisse hierfür möchten die Ortschaften Franken bei Waldenburg, Frankenau bei Ronneburg, Frankenhausen bei Gößnitz sein.
Vergl. Huth a. a. O. S. 183. Tittmann a. a. O. Bd 1. S. 390.
[22]) Dafür zeugen die Ortsnamen Schwaben, Schwabeck bei Waldenburg. Tittmann a. a. O. Bd. 1. S. 391.
In einer Urkunde v. J. 1223 kommt sogar unter mehreren altenburgischen Bürgern ein Henricus Suevus vor.
[23]) Z. B. Kohren, Flemmingen. Tittm. a. a. O. I. S. 392.
[24]) Dr. Back in Altenburg theilt in Band 1, Heft 2, S. 54 der Mitth. der Gesch. und Alterthumsforschenden Gesellsch. des Osterl. unter andern eine Urkunde v. J. 1278 mit, in welcher den Einwohnern von Lotschen Jus et libertas Frankorum tale jus, quale possident et utuntur homines in terra dominorum et nobilium de Lobdeburch verbrieft wird.

lich dem allgemein üblichen Recht der Stadtbürger von freien
Stücken sich unterworfen haben wird. Der Mehrzahl nach waren
diese aber wol meißnisch-sächsischen Stammes.

In den Rechtssprüchen ihres Gerichts traten daher auch die
Gewohnheitsrechte hervor, welche diesem Stamme eigenthümlich
waren und deren Abbild für die Zeit vom dreizehnten Jahrhundert abwärts der Sachsenspiegel liefert [25].

In dem Privilegium von 1256 findet sich in §. 30 aber noch
ein Satz, welcher als Unterlage für die städtischen Rechtssprüche
damals gewiß von größter Wichtigkeit sein mußte, und ein eigenthümliches Licht über das damalige Rechtsleben unsrer Stadt verbreitet [26].

Nach dem Inhalt dieses Paragraphen fand nämlich zwischen
Altenburg und der alten sächsischen Reichsstadt Goslar am Harz eine
Verbindung durch das sogenannte Zugrecht Statt. Goslar bildete hiernach den Oberhof für Altenburg, an dessen rother Thüre
das Urtheil zu suchen war, wenn die Altenburger Schöppen dasselbe
nicht selbst zu finden vermochten [27].

Die eingeholten Sprüche dieses Gerichtshofs bildete aber neben
den einheimischen Gewohnheiten offenbar eine wichtige Quelle für
das Altenburgische Stadtrecht, und es erklärt sich daraus, daß
mehrere der älteren Statuten im innigsten Zusammenhange mit
Sätzen des Goslarischen Rechts stehen [28].

Von den verschiedenen Obrigkeiten, welche zu damaliger Zeit
im Pleißnerlande bestanden, sind leider nur dürftige Nachrichten
in der Stiftungsurkunde des Kaisers Friedrich I. über das Ver-

---

[25] Der Sachsenspiegel (Sächsisches Land- und Lehnrecht) war die älteste und wichtigste Aufzeichnung des in Deutschland, besonders in Sachsen, — noch vor dem Bekanntwerden des Römischen Rechts — geltenden Gewohnheitsrechts. Verfasser dieser Aufzeichnung war bekanntlich ein anhaltischer Ritter, Eile von Repkow, welcher das fragliche Buch auf Veranlassung des Grafen Hoier von Mannsfeld geschrieben hat. Die Zeit der Abfassung wird in die Jahre 1224—1235 zu setzen sein.

[26] Die fragliche Stelle lautet: „Sententias extra civitatem requirendas Goslarie in rufo ostio requiretis."

[27] Rothe Thür bezeichnet hier nicht den Namen des Gerichts, sondern den betreffenden Versammlungsort zu Goslar, da in den Goslarischen Statuten bei der Aufzählung der dortigen Gerichte keines unter diesem Namen vorkommt. Roth war die symbolische Gerichtsfarbe des Mittelalters, und wir finden aus jener Zeit daher noch viele ähnliche Bezeichnungen. Unter König Heinrich I. wanderten besonders viele Sachsen vom Harz in die südostländische Mark ein. Daher erklärt es sich auch, warum die Altenburger vom Schöppenstuhl zu Goslar ihr Recht sich holten.

[28] Nach einer im hiesigen Raths-Archiv sich vorfindenden Nachricht wurde ein Exemplar der Statuten von Goslar dem Rath zu Altenburg im Jahre 1354 übersendet. Da nun derselbe bei der zwischen beiden Städten stattgefundenen Rechts-Verbindung wol sobald als möglich in den Besitz des fraglichen Stadtbuchs sich gesetzt haben wird, so dürfte es kaum einem Zweifel unterliegen, daß dessen Abfassung selbst wahrscheinlich in dem Jahre 1353 oder 1354 erfolgt ist. Leider ist aber dieses Exemplar der fraglichen Statuten, wie es scheint, verloren gegangen. Mitth. a. a. O. III. S. 374.

gerkloster in Altenburg von 1172 [20]) und in dem Stadt=Privilegium des Markgrafen Heinrich des Erlauchten von 1256 auf uns gekommen.

Von allen dort genannten Beamten war der pleißnische Landrichter (judex provincialis terrae Plisnensis), der noch über dem Burggraf stand, der Hervorragendste, und glaubt der Verfasser daher, ihn mit einigen Worten noch besonders erwähnen zu müssen.

Der Theil des Altenburger Schlosses, wo er als kaiserlicher Statthalter residirte, hieß die kaiserliche Pfalz. Dort scheint auch das Gericht selbst, welches aus den angesehensten Männern des pleißnischen Adels gebildet war, seine Sitzungen gehalten zu haben.

Der uns zuerst bekannt gewordene pleißnische Landrichter war der 1172 genannte Hugo von Wartha.

Aus den folgenden Zeiten sind als Landrichter im Pleißnerlande zu nennen:

1200 und 1210 Heinrich von Kolbitz;
1221 Heinrich von Krimmitzschau, zugleich mit dem Bischof Engelhard von Naumburg;
1223. 1244. Günther von Krimmitzschau;
1248 Volrad von Colditz;
1270 Alexis von Wildenborn;
1274 Anarch von Waldenburg;
1275 Albrecht (III.) Burggraf von Altenburg;
1282 Heinrich der Aeltere, Voigt von Plauen;
1283 Markgraf Dietrich der Jüngere;
1291 und 1292 Voigt Heinrich der Aeltere zu Plauen;

---

[20]) In der obenerwähnten Stiftungsurkunde des Kaisers Friedrich I. von 1172 werden uns als Behörden des Pleißner-Landes genannt:

Judex, der pleißnische Landrichter;
Scultetus, der Schultheiß, welcher Vorsitzender im Municipal-Regiment der Stadt Altenburg war, welches aus ihm und zwölf Geschworenen gebildet wurde;
Forestarius, der Forstmeister über den Reichswald, und
Bodellus, worunter ein höherer Verwaltungsbeamter, vielleicht ähnlich den Butiglern in Nürnberg, zu verstehen ist.

Außer diesen wird noch ein fünfter Beamter, der Münzmeister (monetarius), in dem Privilegium Heinrichs des Erlauchten v. J. 1256 erwähnt. Jedenfalls hat es aber damals auch noch andere Beamte gegeben, wie in der Stiftungsurkunde von 1172 selbst angedeutet ist.

Uebrigens muß bemerkt werden, daß zu der damaligen Zeit Rechtspflege auch jedem Verwaltungsbeamten in Angelegenheiten seines Kreises zustand. Der damalige Geschäftskreis der Verwaltungsbeamten möchte jetzt nicht genau mehr zu bestimmen sein; auch fand zu der damaligen Zeit überhaupt keine so scharfe Trennung Statt, wie in der gegenwärtigen.

Der Münzmeister besorgte meistens das Finanzwesen in den mittleren Zeiten.

Eine eigene Münzstätte, wie sie damals auch in Altenburg bestand, war zu jener Zeit ein Bedürfniß an Handels- und Marktplätzen und zugleich eine Anstalt für den Geldwechsel, da man damals keine allgemein gangbaren, in dem ganzen Kreise des Handelsverkehrs gültigen Münzen hatte.

1297 Heinrich von Nassau;
1300 Friedrich von Schönburg;
1304 Heinrich von Schellenberg;
1306 Friedrich von Schönburg; ihm folgte Albert von Hohenlohe in demselben Jahre;

endlich

1316 Heinrich der Aeltere und Heinrich der Jüngere von Plauen, sowie Heinrich von Gera, welche die letzten waren, die diesen Titel führten.

Es unterliegt wol keinem Zweifel, daß viele Schriftsteller, wie z. B. Senkenberg in der Abhandlung von der kaiserlichen höchsten Gerichtsbarkeit Seite 23 den Wirkungskreis des pleißnischen Landrichters oft zu weit ausgedehnt haben. Das pleißnische Landgericht war wol ein blos locales Institut. Würde es mehr als dieses gewesen sein, so würde es bei der Uebergabe des Pleißner Landes an das wettinische Haus jedes Falls ausdrücklich erwähnt worden sein, so aber ging es stillschweigend über und ward unter die Aufsicht des meißnischen Landrichters gestellt, bis es endlich in Folge der unter den Söhnen Friedrich des Ernsthaften stattgehabten Landes-Theilung, bez. Oerterung, unter dem Namen eines osterländischen Landgerichts eine veränderte Bestimmung erhielt.

Es war indessen natürlich, daß dasselbe unter einem so kräftigen Regenten, wie Kaiser Friedrich I. war, auch auf die umliegenden Länder indirect einen bedeutenden Einfluß ausüben mußte.

Der Landrichter in Pleißen durfte nicht im Weichbild der Stadt richten [30]). Er hatte unstreitig die vornehmste Bedienung im Pleißnerlande, indem er in der Abwesenheit des Kaisers, in dessen Namen, die kaiserlichen Befugnisse und Rechte ausübte und dessen Person vorstellte. Der Wechsel der pleißnischen Landrichter läßt indessen darauf schließen, daß deren Amt kein dauerndes war, ja vielleicht blos auf einzelnen Aufträgen beruhte.

Die Berührung der pleißnischen Landrichter führt den Verfasser wie von selbst zu einer kurzen Erwähnung des in Urkunden öfters genannten placitum provinciale oder Landding [31]), auf welchem der für das Pleißnerland bestellte Landrichter gewöhnlich den Vorsitz hatte.

Regierungsangelegenheiten verschiedener Art, sowie auch gerichtliche Handlungen, insbesondere Handlungen der freiwilligen Gerichtsbarkeit in Beziehung auf Grundstücke, deren Auflassung und Vergabung wurden auf dem Landding vorgenommen.

Oft war der Landesfürst auf demselben anwesend, stets aber geschahen die dort vorgenommenen Handlungen, wie die Fassung der Urkunden zeigt, im Namen und im Auftrage desselben.

Ein bestimmtes ausschließendes Recht zur Theilnahme an

---

[30]) S. §. 10 des Privilegii von 1256.
[31]) Landding möchte der entsprechende deutsche Ausdruck für placitum provinciale sein. Tittm. a. a. O. I. S. 115.

einem Landbinge gab es nicht; nach der gerichtlichen Bestimmung desselben mußte gewiß Jeder daselbst erscheinen können, welcher Recht dort zu geben oder zu nehmen hatte. Auch die Burggrafen werden oft auf demselben angetroffen. Da nun außer diesen Ritter, Ministerialen, sowie auch Geistliche auf dem Landbinge erschienen, — wie aus Urkunden zu ersehen ist, — solche aber ihren persönlichen Gerichtsstand gewiß nicht vor demselben hatten, so dürfte der dingliche Gerichtsstand ein Grund des Berufs zum Landbinge, vielleicht Grundbesitz sogar Bedingung gewesen sein.

Daß die Städte, beziehentlich deren Bürger, als nicht berechtigt von demselben ausgeschlossen gewesen wären, läßt sich nicht annehmen, da Beispiele vom Gegentheil in Urkunden sich vorfinden; allein man kann allerdings bei den Städten eine eigene, von dem Landbinge eximirte Gerichtsbarkeit voraussetzen, wie denn wirklich die Auflassung städtischer Grundstücke vor den Stadtbehörden geschah.

Für das Osterland findet man das Landbing zu Delitzsch und zu Stölen abwechselnd, allein auch zu Altenburg scheinen Landbinge zu verschiedenen Zeiten, wie z. B. im Jahre 1221, abgehalten worden zu sein, und von vielen altenburgischen Urkunden über gerichtliche Handlungen möchte eine große Zahl von Landbingen herrühren [32]).

Abschnitt III.

Von der Verfassung der Burggrafschaft Altenburg.

Es wurde bereits im Eingang erwähnt, daß der Ursprung der Burggrafen von Altenburg von der Zeit des Kaisers Friedrich I. beginne [33]), und daß diese Burggrafschaft als eine wirkliche sich charakterisire. Zu letzterer gehörte vor Allem das Recht des Blutbanns [34]), d. h. das den Burggrafen vom Kaiser in Lehn gereichte Recht, an Seiner Statt, ein Straf- oder Todes-Urtheil zu sprechen und das ausgesprochene Urtheil zu vollstrecken.

Dieses Recht des burggräflichen Bannes ruhte in Altenburg auf dem zu einem Burgverließ bestimmten Thurme auf der Reichsburg, dem noch jetzt im inneren Schloßraume vorhandenen sogenannten Mantelthurm [35]). Siehe die Abbildung.

---

[17]) Tittm. a. a. O. I. S 120. Mende a. a. O. III. S. 1038.

[33]) Ueber den Ursprung der Burggrafen von Altenburg existiren, wie über deren Abstammung, verschiedene Ansichten, welche der Verfasser aber übergehen zu können glaubte, da sie zum großen Theil auf offenbarem Irrthum beruhen. Vergl. übrigens Anmerkung 3.

[34]) Kreysig, a. a. O. Thl. V S 399.

[35]) Die ursprüngliche Bedeutung des Mantelthurms läßt sich nicht mit Gewißheit angeben. In alter Zeit soll der fragliche Thurm mit einer stei-

Im Angesicht der peinlichen Gefängnisse ³⁶) wurden die Gerichtssitzungen vom Burggraf gehalten, denen er gewöhnlich präsidirte.

Das gewöhnliche burggräfliche Gericht führte den Namen Vogtding ³⁷) und war besonders für Strafsachen bestimmt, welche

---

nernen Spitze und mit Zinnen, d. h. mit einer freien Umfassung versehen gewesen sein, wie man solches von vielen mittelalterlichen Thürmen weiß, welche, außer der Vertheidigung, gewöhnlich auch zu einem „Luginsland" bestimmt waren.

Es ist daher möglich, daß jener alte Thurm von dieser Umfassung den Namen Mantelthurm erhalten hat. Das Alter desselben läßt sich nicht genau angeben.

In einer Urkunde des Königs Rudolph von Habsburg vom Jahre 1289, worin dieser den Burggraf Dietrich II. von Altenburg (s. Urkunde Nr. XX' im Urkundenbuch) mit dem Burgamt Altenburg beleiht, wird er zum ersten Mal genannt. Der Umstand aber, daß derselbe unter den burggräflichen Gerechtsamen in jener Urkunde so besonders hervorgehoben wird, deutet darauf hin, daß ein vorzügliches Recht von demselben abgehangen haben müsse. Er wird später noch in mehreren Urkunden erwähnt. Dieser Thurm erhielt im Jahre 1561 den Namen Flasche wegen seiner kegelförmigen, in jenem Jahre aufgesetzten 60 Fuß hohen hölzernen, mit Schiefer beschlagenen Haube. Die im Innern desselben noch heute sichtbare, in Stein gehauene Flasche deutet vielleicht auf diese äußere Gestalt hin. Noch im 17. Jahrhundert hat dieser Thurm zu Gefängnissen für gewisse Hauptverbrecher gedient.

³⁶) Die Gerichtssitzungen wurden im Mittelalter häufig im Angesicht peinlicher Gefängnisse abgehalten, um den Verhandlungen einen desto schauerlichern Ernst zu verleihen.
Huth a. a. O. S. 201. Klotzsch und Grundig a. a. O. I. S. 234.

³⁷) Ding hieß in der Sprache jener Zeit soviel als Gericht, und es erklären sich daraus viele andere ähnliche Zusammensetzungen.

Der Burggraf saß gewöhnlich nur dreimal an bestimmten Tagen im Jahre zu Gericht (bot Ding). Außerdem konnte er aber alle Tage um Geld richten.

Hiermit möchte das zusammen hängen, wenn wir von dreimal im Jahre an die Vogtei erfolgten Leistungen lesen. Aus den Worten „Bot Ding" läßt sich vermuthen, daß der Burggraf wahrscheinlich im Ganzen regelmäßige Gerichtsfälle empfangen habe.
Tittm. a. a. O. I. S. 159. Huth a. a. O. S. 199.

Wie weit der altenburgische burggräfliche Amtsbezirk sich ausgedehnt hat, darüber fehlt jeder sichere Nachweis. Nur soviel möge hier bemerkt werden, daß die Burggrafen nicht immer alle judicia (Gerichte) eines Orts unter sich gehabt haben, weil entweder ihr Lehnsherr nicht über alle den Burgbann hatte, oder weil er einige für sich behalten, wie denn die Burggrafen von Altenburg Nichts in dem Stadt-Weichbilde zu sagen hatten. Deßhalb mußte durch einen Vertrag bestimmt werden, welche Gerichte dem Burggraf unterworfen sein sollten, welche Wohnung ihm eingeräumt, welche Dörfer, Wälder und Zinsen, anstatt einer Besoldung, ihm angewiesen, wie viel von den Sporteln ihm zukommen, auch wie es mit der Auslösung bei den Gerichts-Tagen gehalten werden sollte.
Siehe Kreyßig a. a. O. Th. V. S. 404.

Die Burggrafen hatten nach Art der alten Grafen vornehmlich zwei Hauptpflichten, sie mußten Friede und Gerechtigkeit unter den ihnen anbefohlenen Unterthanen handhaben. Alle Verbrechen daher, welche wider den Landfrieden waren, wie Brand, Mord, Nothzucht, Raub, gehörten unter ihre Jurisdiction. Kreyßig a. a. O. Th. V. S. 407.

keine Lebensstrafe zur strafrechtlichen Folge hatten. Zu Beisitzern desselben hatte der Burggraf einige Glieder aus dem Rathe der Geschworenen, wie man solches aus verschiedenen Urkunden der Burggrafen von Altenburg ersehen kann, welche öfters von mehreren altenburgischen Bürgern mit unterzeichnet sind. Stellvertreter des Burggrafen war der Schultheiß [38a]).

Die Burggrafen von Altenburg genossen alle Rechte und Freiheiten unmittelbarer Reichsstände und erkannten nur den allein als ihren Lehn- und Schutzherrn an, welchen das deutsche Reich zu seinem Oberherrn erwählt hatte. Später als Kaiser Friedrich II. das Pleißner-Land an den Markgraf Heinrich den Erlauchten von Meißen pfandweise abtrat, verglichen die Burggrafen von Altenburg sich wol mit diesem neuen Besitzer der pleißnischen Lande wegen der damals in Deutschland überhand genommenen Verwirrung und Befehdung und nahmen den ihnen angebotenen Schutz an, allein dessen ungeachtet behielten sie ihre Reichsstandschaft und den größten Theil ihrer Lande nach wie zuvor von dem deutschen Reiche zu Lehen.

Die Herrn von Altenburg, von denen der erste Burggraf Heinrich I. von Altenburg abstammte, gehörten zu den vornehmsten Ständen des Reichs im Pleißner-Lande.

So wird z. B. Burggraf Albrecht I. vom pleißnischen Landrichter Günther von Crimmitzschau selbst in einer Urkunde vom Jahr 1223 bezeichnet [38b]).

Eine solche Geltung verschafften dem Namen der Burggrafen von Altenburg besonders die reichen Güter in Meißen, rücksichtlich deren sie wol meißnische Vasallen waren, deretwegen sie aber vorzüglich die oberste Stelle unter dem pleißnischen Adel einnahmen [39]). Sie wurden von den Kaisern vielfach mit Gnadenerweisungen bedacht.

Zu diesem ihrem Ansehen kam dazu, daß dieselben die kaiserlichen Hoheitsrechte in Altenburg, an Kaisers Statt und in dessen Namen und Auftrag. ausübten.

Auch die sämmtlichen Rathswahlen zu Altenburg bedurften

Derselbe Kreysig gedenkt ibid. Seite 409 eines öffentlichen burggräflichen Gerichts, Burgding genannt. Ob solches verschieden von dem Vogtding gewesen ist, läßt der Verfasser dahin gestellt sein, ob er gleich glauben möchte, daß ein und dasselbe Gericht darunter zu verstehen sei.

Bei diesem sogenannten Burgding wurden nach Kreysig alle die Einwohner des burggräflichen Gebiets betreffenden Sachen ordentlicher Weise, d. h. gewöhnlich, abgehandelt.

[38a]) Oft war die dem Burggrafen zukommende Gerichtsbarkeit von diesem selbstständig dem Schultheiß übertragen.

Dies ist wol in den meisten derjenigen Fälle vorauszusetzen, wo wir den Schultheiß als Vorsitzenden des Vogtding antreffen. Denn auch das im Privilegium des Markgrafen Heinrich des Erlauchten v. J. 1256 erwähnte Vogtding wird wahrscheinlich eine höhere Behörde gewesen sein, als das Schulzengericht.

[38b]) S. Liebens Nachl. Seite 16.

[39]) Bei der hohen Standeswürde der Burggrafen von Altenburg läßt sich wol vermuthen, daß dieselben einen nicht geringen Rang im öffentlichen

der burggräflichen Bestätigung, wie später der landesherrlichen. Der Wirkungskreis der altenburgischen Burggrafen kann daher kein geringer gewesen sein, da außer den bisher genannten amtlichen Leben eingenommen haben mögen, wie z. B. bei einer Zeugenschaft in Urkunden. Etwas Gewisses ist aber in letzterer Beziehung nicht anzugeben, um so weniger, als eine feste Regel überhaupt nicht existirt zu haben scheint.

Unter sich haben die Burggrafen von Anfang herein keine feste Rangordnung behauptet. Bei Personen gleichen Standes scheint häufig das Alter, oder das persönliche Ansehen, oder zuweilen auch blos das nähere Interesse, welches dieser oder jener an dem zu bezeugenden Gegenstand hatte, über den Vortritt entschieden zu haben.

Die Reichsburggrafen hatten den Rang vor den Markgräflichen, Bischöflichen und Gräflichen. S. Krepsig rc. Thl. V. S. 409.

Nachstehend übrigens einige Beispiele davon, in welcher verschiedenen Ordnung die Burggrafen von Altenburg als Zeugen in Urkunden vorkommen.

Man sehe die diplomatische Nachr. von dem Burggrafthum Altenburg in der Sammlung vermischter Nachrichten für sächsische Gesch. von Klotzsch und Grundig Bd I S. 28 sq.

In einer Urkunde des Bischofs Engelhard zu Naumburg, in welcher derselbe dem Nonnenkloster und den Brüdern zu Ritzove einige Güter zu Morbitz conferirt, werden unter den weltlichen Zeugen genannt, die Edlen: Meinher Burggraf zu Meißen, Hartmann von Lobdeberg, Herrmann sein Bruder, Albrecht Burggraf zu Altenburg, Albrecht sein Sohn, Heinrich von Crimatsove, Richter in Meißen rc., Altenburg. VI. Kal. Octbr. 1222.

In dem Schiede der Bischöfe zu Hildesheim und Naumburg, Conrads und Engelhards, und des Landgrafen Ludwig in Thüringen zwischen dem Abt und dem Convent zu Celle und denen von Nosin werden unter den weltlichen Zeugen angeführt: Heinrich Burggraf zu Donyn, Albrecht Burggraf zu Altenburg, Meinher Burggraf zu Meißen, Albrecht Burggraf zu Dewin, Wolfrinus Burggraf zu Cica, Dietrich Burggraf von Kirchberg. In Misna IV. Kal. Decbr. 1224.

In einer Urkunde des Landgrafen Friedrich in Thüringen in Betreff der Nonnen in Sornzig Strellen, Zcowerbitz rc. werden unter Anderen als Zeugen benannt: Albrecht Burggraf zu Altenburg und Albrecht Burggraf zu Leißnig, welche der Landgraf seine lieben Getreuen heißt. Doblin in castro, XIII. Kal. Febr. 1311.

In einer anderen Urkunde desselben, worin er der Kirche zu Meißen die Güter eignet, welche der Notar und Domherr in Meißen, Conrad von Nuwenstadt, in den Dörfern Bronhartitz und Arnoltitz inne gehabt hatte — Gothae in die 13. Fabiani et Sebastiani Martyrum a. 1320 — befinden sich unter den weltlichen Zeugen die Edlen: Heinrich Graf von Schwarzburg, Albrecht Burggraf von Altenburg, Albrecht von Hackeborn rc.

In einer dritten Urkunde desselben endlich, in welcher er gewisse Zinsen zu einem Altar in der Pfarrkirche zu Zelitz eignet, — gegeben zu Rochlitz am St. Elisabethen Tage 1325 — werden unter Anderen als Zeugen angegeben: Friedrich Graf von Orlamünda, Albrecht Burggraf von Altenburg der Jüngere, Günther Graf von Schwarzburg, Heinrich von Plauen der Jüngere.

Von den Siegeln der Burggrafen von Altenburg ist ein wohlerhaltenes des Burggrafen Heinrich IV. von Altenburg in der Verwahrung des hiesigen Stadtraths an einer Urkunde v. J. 1282 (siehe die vorn befindliche Wappen-Abbildung); andere dergleichen finden sich an einigen in dem königlichen Hauptstaatsarchiv zu Dresden verwahrten burggräflichen Urkunden vor.

Das altenburgische burggräfliche Wappen ist nicht zu allen Zeiten ein und dasselbe gewesen. Bald hatte es eine aufgeblühte, bald eine aufgeblätterte Rose in der Mitte (die letztere nach Schöttgen das gewöhnliche Wappen derselben); zuweilen findet man es mit einem Pfauenwedel geziert,

Functionen auch das Commando über die Besatzung der Reichsburg, von dem später die Rede sein wird, und die Handhabung
der polizeilichen Aufsicht über die Stadt ihnen übertragen war.

---

wie wir solches auch bei Mencke a. a. O. III. Seite 1078 sehen. Zur Zeit
des Kurfürsten Ernst zu Sachsen ist das burggräfliche Wappen den Wappen-
schildern der Herzoge zu Sachsen einverleibt worden.
 vid. Reyheri monumenta Landgravior. Thuring. bei Mencke a. a. O.
Thl. II. Cap. XVII.
 Aus dem numismatischen Werke des Carl Friedrich von Posern-Klett
über die Münzen Sachsens im Mittelalter, — erschienen zu Leipzig im Jahre
1846 — erfahren wir Seite 9 sq. Folgendes über die Münzstätte und
die Münzen Altenburgs, was der Verfasser am Schluß dieses Abschnitts,
Anm. 39, nicht unerwähnt lassen zu dürfen glaubt.
 Daselbst befand sich nämlich schon zu Anfang des 13. Jahrhunderts eine
Münzstätte, indem 1209 zum ersten Mal ein Münzmeister Heinrich zu Altenburg genannt wird. In einer Urkunde des Marienklosters zu Altenburg
findet man zum ersten Mal im Jahre 1236 Altenburger Geld erwähnt.
 C. Schlegel in seiner bekannten Schrift de nummis antiquis Gothanis
führt wol auch Einiges, angeblich aus der reichsstädtischen Zeit Altenburgs,
über ältere Altenburgische Münzen an, allein seine diesfallsigen Angaben
sind keineswegs zuverlässige, wie denn v. Posern-Klett ihm offenbare Irr-
thümer in dieser Beziehung in seinem vorerwähnten Werke nachweist.
 Zur Zeit der Verpfändung (um 1256) gehörte die Münze der Stadt
und wurde derselben vom Markgraf Heinrich dem Erlauchten mit ihren
übrigen Privilegien bestätigt.
 Bemerkenswerth sind mehrere in der fraglichen Urkunde v. J. 1256 ent-
haltene bezügliche Bestimmungen; wie: die Münze zu Altenburg bleibt in
ihrer bisherigen Verfassung; die Mark Silber ist gleich neunzehn Schillingen;
der Münzmeister ist verpflichtet, jedem Bürger die Mark Silber im Wechsel
gegen neue und wol erhaltene Denare mit einem Aufgeld von einem
Schilling zu verkaufen; Bürger können mit Bürgern nicht über eine Mark
wechseln rc.
 Zahlung in Altenburger Geld war nur bei vier Gegenständen erfor-
derlich: bei Getreide, Honig, Hopfen und Wolle.
 Altenburger Münze kommt häufig in Urkunden vor: 1258 quindecim
solidi nummorum Altenburgensis monete; 1263 due marce in moneta
Altenburc; 1264 due marce argenti in moneta Aldinbnrc; 1275 unum
talentum nummorum annui census in moneta Aldenburch; 1278 quatuor talenta nummorum Aldenburgensis monete; 1279 viginti septem
solidi nummorum, novem modii siliginis, et dimidium modium tritici,
Aldenburgensis monete et mensure; unum talentum in moneta Aldinburc; 1280 duae marce argenti et duo talenta nummorum in moneta
Aldenburc; 1286 unum talentum nummorum Aldenburgensis monete;
duo talenta in moneta Aldenburc; viginti septem solidi nummorum
Aldenburgensis monete; talentum denariorum in moneta Aldenburc;
due marce argenti et duo talenta nummorum in moneta Aldenburc;
1290 in moneta Aldenburcg due marce argenti, et tria talenta nummorum; 1300 viginti et quatuor solidi denariorum Aldenburgensis
monete; 1306 unum talentum denariorum Aldenburgensis monete;
1307 quatuor talenta nummorum in moneta Aldinburg; 1314 unum
talentum nummorum Aldenburgensis monete; 1315 Census in moneta
Aldenburg; 1326 viginti et duo solidi denariorum Aldenburgensis
monete; 1337 quinque solidorum Aldenburgensium denariorum annui
census etc.
 Bei dem so bedeutenden Umlauf der Altenburger Münze, die sich hieraus
folgern läßt, muß es in der That auffallen, daß bisher kein einziges zu-
verlässiges Gepräge derselben aus jener Zeit bekannt geworden ist, wäh-

Worin letztere indessen eigentlich bestanden und wie weit vielleicht der Schultheiß als Vorsteher des Stadtgerichts diese mit ausgeübt hat, läßt sich nicht mehr bestimmen.

Einen sehr wichtigen Nachweis über die Rechte und Pflichten der Burggrafen von Altenburg finden wir in der Nr. XX[1] im Urkundenbuch enthaltenen Urkunde des Königs Rudolph von Habsburg aus dem Jahre 1289. Der Verfasser hält es für nothwendig, sie theilweise wörtlich an dieser Stelle einzuschalten.

„Rudolf von Gotis gnaden Romis Kunik alle schit (Zeit) „merer des richis bekennen an disme kewerdigin brive „vnde tun kunt allen den di in gesen odir horen lesen, „daz wi deme edilen manne burgreuon Ditriche von Aldenburch haben geligen (gelichen) daz burchamecht zu Al„denburch mit alle deme rechte alse da zu gehorit vnde „von aldire da zu gehort hat eweclich zu besizzine im „(ihm) vnde allen sinen nachkumilingin. Zu dem burcha„mechte gehorit der turm mit deme mantile zu Alden„burch vf deme hus vnde der hof da he inne lit. Der „burgreve hat ouch gerichte vbir lip vnde vbir gut vbir „alle daz hus vnde in allen hofen, an (ohne, ausser) in „des richis hof alleine. Zu deme burchamechte gehorit „ovch di stat zu Naishusen [40]) vnde daz holz das da

---

rend Erzeugnisse viel unbedeutenderer Werkstätten zum Theil in großer Anzahl vorhanden sind.

Laut einer Urkunde d. d. Altenburg den 15. December 1353 weist der Markgraf Friedrich zu Meißen dem Bergerkloster in Altenburg statt einiger, demselben für Besorgung der Messe in der Bartholomäikirche daselbst aus der dortigen Münze zu erheben gehabter Einkünfte, da dieselbe nicht mehr vorhanden, andere Revenüen an (vgl. Wagners Collect. Bd. I. B. Nr. 67, S. 177); es ist daher anzunehmen, daß die Altenburger Münzstätte schon vor Erlaß dieser Urkunde geschlossen gewesen sein muß. In der That erlitt das Münzwesen in der ersten Hälfte des vierzehnten Jahrhunderts eine bedeutende Veränderung sowohl in den meißnischen, als auch in den thüringischen Landen, und wurden mehrere Münzstätten in diesen Ländern zu dieser Zeit geschlossen.

Den Burggrafen von Altenburg selbst scheint Münzrecht zugestanden zu haben, denn das königliche Kabinet in Dresden bewahrt noch heute Münzen derselben aus den Jahren 1275—1300.

Von den in Altenburg angestellt gewesenen Münzmeistern kommen außer dem bereits genannten Heinrich (1209) folgende in Urkunden vor: ein Heinrich 1263 und 1264; ein Bertold 1275; ebenfalls ein Bertold 1300; ein Adolph 1299; ein Heinrich in den Jahren 1285, 1291, 1297, 1301, 1303 und 1307.

[40]) Auf der südlichen Seite der Burg von Altenburg hatten Deutsche in einer Niederung — wahrscheinlich Lysau — sich angesiedelt, deren Gemeinde Nashusen (später Naschhausen) hieß.

Im Rücken von Nashusen war die Leiste, ein von der Peniger nach der Leipziger Straße sich hinziehendes Gehölz, von welchem der jetzige Schloßgarten in Altenburg noch ein Ueberrest ist.

Von dem Namen Nashusen gibt es verschiedene Auslegungen. Nach Meyner, dem Geheime-Finanzrath Wagner, der bekannte Forscher der altenburgischen Landesgeschichte sich angeschlossen hat, soll Nashusen soviel, als am Wasser gelegen, bedeuten. Ist es nun gewiß, daß die Gegend des

„heisit di Lizan, vnde achte hofe zu Powirditz (Pauritz),
„vnde der nidirste tich, vnde der burchberc alume das
„hus wis (bis) an die mure. Da hat der burgreue ouch
„gerichte vffe vbir lip vnde vbir guth wis halben wec
„uf di brucke⁴¹) gen der stat."

Von den Beamten der Burggrafen von Altenburg haben wir nur eine allgemeine Nachricht. Aus einer Urkunde des Burggrafen Heinrich IV. v. J. 1282 bei Mencke, Th. III, S. 1075 (f. Urkundenbuch Nr. VI) geht nämlich hervor, daß die Burggrafen von Altenburg judices, scultetos et alios officiales unter sich gehabt haben; welche jedoch unter den letzteren verstanden werden, erfahren wir nicht. Die ersteren mochten vielleicht, wie Kreyßig a. a. O. Th. V. S. 408 meint, die Ober-Gerichte über die ihnen angewiesenen Orte im Auftrage des Burggrafen auszuüben gehabt haben, und waren eventuell verpflichtet, Bericht in gewissen Fällen an den Burggraf zu erstatten und um dessen Urtheil und Entscheidung zu bitten⁴²).

Es bleibt nun noch übrig, Einiges über den Oberbefehl des Burggrafen von Altenburg in diesem Abschnitt zu sagen, welchen er über die Besatzung der Burg geführt, da dies ebenfalls zur Verfassung der Burggrafschaft gehört hat.

Gasthofes Naschhausen (später Stadt Leipzig), wo ehemals die Vorstadt gleiches Namens lag, in dem niederen Theile der Stadt ist, wo die drei Stadtteiche, der große, kleine und der Pauritzer Teich sich befinden, so ist es nicht unwahrscheinlich, daß Nashusen soviel, als Wasserhausen, bedeuten konnte.

Wie der Verfasser in seiner Geschichte des Rathhauses zu Altenburg (Jubelschrift v. J. 1864, S. 6) bemerkt hat, scheint die Vorstadt Naschhausen ehemals ebenso, wie Pauritz, ein besonderes Dorf gewesen zu sein, welches bis gegen das Ende des dreizehnten Jahrhunderts seine eigenen Schultheiße gehabt hat.

Löbe, a. a. O. S. 4. Mitth. a. a. O. S. 274. Meyner, Zeitschr. v. J. 1795, S. 377 u. f.

⁴¹) Bei dem Nichtvorhandensein von Abbildungen von der Burg und von der Stadt Altenburg aus jener Zeit läßt sich etwas Näheres über die fragliche Brücke nicht angeben.

⁴²) Um die Arbeit sich zu erleichtern, belehnten die altenburgischen Burggrafen zuweilen die in ihren Bezirken angesessenen Herren vom Adel mit Gerichten. Kreyßig, a. a. O. Thl. V. S. 409.

Sie reichten auch einzelne Güter, welche sie vom Reiche zur Lehn bekommen hatten, wiederum anderen Personen in Lehn.

Dafür erhielten sie von solchen gewisse Abgaben an Geld oder Getreide.

Schöttgen nennt in seiner Geschichte der Burggrafen von Altenburg folgende Personen als Vasallen derselben:

    Hermannus de Cygelheim;
    Ludovicus et Conradus Hircus;
    Andreas miles de Lisavia (von Lysau), von einem alten Rittersitz in der Gegend des spätern Schloßvorwerkes oder des jetzigen Herzoglichen Marstalles hier also genannt;
    Theodoricus de Liznik;
    Reinhardus Pugil, civis Dresdensis;
    Sifridus de Steinbach;
    Hermannus de Stupitz;
    Conradus de Weisbach.

Die Hauptbestimmung, welche die Besatzung der Reichsburg zu Altenburg unter dem Oberbefehl des Burggrafen hatte, ist im Wesentlichen wol dieselbe gewesen, wie zur Zeit des Königs Heinrich I., als er Burgen in den von den Sorben eroberten Ländern anlegte und Voigte als Commandanten über dieselben einsetzte, nämlich: die Vertheidigung der Burg. Hierzu waren, außer dem Burggraf, verschiedene Adelige, besonders aber einige derselben, die man Burgmannen (castrenses) nannte, verpflichtet [13]). Diesen ertheilte der Burggraf die nöthigen Befehle zur gemeinsamen Beschützung der Burg, und für diesen ihren Dienst, mit dem sie förmlich beliehen waren, erhielten sie vom Burggraf, im Namen des Kaisers, den Ertrag von gewissen, ihnen statt Soldes angewiesenen Zinsen und Gütern, die man Burglehne nannte.

---

[13]) Hier möchte der Verfasser Folgendes hinsichtlich der ehemaligen 3 Curien auf der Reichsburg zu Altenburg nachträglich bemerken.

Der Theil derselben, der zur Wohnung für den pleißnischen Landrichter bestimmt war, gerieth 1290 bittweise, 1329 aber völlig an die Markgrafen von Meißen; den burggräflichen Theil brachten sie bei dem im Jahre 1329 erfolgten Tode des letzten altenburgischen Burggrafen Albrechts IV. nebst dessen übrigen Reichslanden an sich, und den dritten Theil, die den Burgmännern auf der Burg zu Altenburg zugestandenen Rechte, kauften sie diesen ab und wurden hierdurch die einzigen rechtmäßigen Besitzer von Schloß und Stadt Altenburg.

Wann aber die Burgmänner solche verkauft haben, ist ungewiß. Oppel, a. a O. S. 173.

Hier möge aus Wagners Collectaneen-Sammlung, Bd. V, eine Urkunde eingeschaltet werden, laut deren George von der Gabelenz zu Windischleuba das ihm zugehörige Burglehn auf dem Schloß zu Altenburg im Jahre 1529 an den Kurfürst Johann von Sachsen verkauft.

Nach dem Original bei dem Pfarramt zu Orlamünda lautet die fragliche Urkunde folgendermaßen:

„Ich George von der Gabelentz zur windischenn leuben Wonnhafftigt vor mich Meine Lehnnerbenn Erbnehmern vnnd mit belehnnetenn hiermit offennlich bekenne, Das ich dem Durchleuchtigstenn hochgebornnen Furstenn vnnd Herrn, Herrn Johannsenn Hertzogenn zu Sachsen, des Heilligenn Romischen Reichs Erzmarschalk vnnd Churfursten, Landgraffen von Doring vnnd Markgraffen zu Meyßenn Meinem gnedigstenn Herrn, off vnderhanndelunge der gestrenngen Eruvestenn Creu Günthers vonn Buuaw Ritter, vnnd amptmans zu Aldenburgt Meines freunntlichenn lieben Schwagers, das Burgllehenn Im schloß Aldenburgt, So Meine Vorelternn vnnd ich vonn hochgemeltenn meinem gnedigsten Herrn Zu lehen getragenn mit aller seiner gerechtigteit Nemlich das seine churff. g. auß berurtem ampt Wann ich vnnd die meinen, off bestimpten burgtlehenn Heußelich gewohnnet Wechlich Sieben ... (Rfl. oder gr. .?) vnnd ein fuder holz vormege seiner churff. g. lehen Vorschreybungen, vnns habenn Reichen lassen, sampt Aller annder anhengigen Zu. vnd eingehorunge auch (nach) seinem Vmbfang, reumen vnnd begreifft, Wie das Jnn beruretem schloß gelegenn vnd meine Vorfaren vnnd ich dasselbige Jnnegehabt genossenn vnnd gebraucht habenn, nichts außgeschlossenn eines Rechten beständigen Erblichenn vnd vnwidderruflichen laufts vorlaufft habe, vnnd dasselbige Burgllehenn mit obbestimpter gerechtigkeit seinen churff. g. vmb Zweyhundert guldenn lauff Summe derselbigenn seiner Churff. g. neunty (Nutzen) auch ein vnnd Zwanzig groschenn vorrnegstenn allewege offs new Jahr funffzig guldenn vnnd itzt kurftigt? (so steht im Original) anzufahenn vnnd also off vier Termine entlich Zubezcallenn, ge-

Ob wir nun gleich, außer der namhaften Aufführung einiger solcher Burgmannen (deren eigentlichen Bestand in Friedens- und dann wieder in Kriegszeiten wir leider nicht erfahren), keine näheren urkundlichen Nachrichten über sie, sowie über die unter ihnen gestandenen Kriegsknechte haben, so läßt sich doch aus der damaligen Militärverfassung entnehmen, daß sie in jedem Falle über eine gewisse Anzahl dienstpflichtiger Bauern und andere waffenfähige Männer zu verfügen gehabt haben, welche wahrscheinlich ebenso, wie sie, zu einem regelmäßigen Wachdienst auf der Burg verpflichtet gewesen sind.

Aus der Zeit des Burggrafen Dietrich II. von Altenburg (1301) werden als Burgmannen zu Altenburg genannt:

(S. Mencke a. a. O. III. S. 1184).

Konrad und Heinrich von Zarowe (Saara),
Johann und Heinrich von Kürbitz,
Johannes von Boindorf (Benndorf)[44]),
Heinrich von Studenschen[45]),
Gottfried von Melre[46]);

unter den Landgrafen von Thüringen im Jahre 1315:

(S. Liebe a. a. O. S. 38).

---

gebenn, dorvber gegebenen schultbrieffs, Gerede dorauff vor mich meine lehennserbenn Erbnehmen vnnd mit belehntenn, hochgemelten Meinem gnedigsten Hern, solchs lauffs vor menniglichs Annspruch, So vfft es nott wie webern Recht vnnd gewonnheit ist Zugewehreun, Des zw Vrkunde vnnd warem bekenntniß habe ich obgedachter George von der gabelenntz vor mich meine lehnnserben Erbnehmen vnnd mit belehnntem Mein anngeborn Insigill wissenntlich ann diessenn lauffbrieff thun heungenn Der gegebenn ist Nach Christi vnnsers liebenn Hern geburt Im funffzcehennhundertenn vnnd Neun vnd Zwanzigsten Jare Sonntags nach Elizabet."

[44]) Johannes von Boindorf (auch Johannes de Buiendorf, wie man ihn geschrieben findet), stammte aus einer erloschenen osterländischen Familie, welche ihren Namen von dem Rittergut Benndorf bei Frohburg führte. Sie ist zu unterscheiden von der ebenfalls erloschenen Familie von Bendorf, die von dem Dorfe Bendorf bei Halle sich nannte und zu dem Adel des Herzogthum Magdeburg und des Saalkreises gehörte.
Mitth. a. a. O. VI. S. 288.

[45]) Der Name dieser dem Osterlande gehörenden Familie, der auch zuweilen Stöntschen oder Stöntsch lautet, ist von dem Dorfe Stünzhain bei Altenburg, in der Volkssprache Stüntzen oder Stüntzschen, abzuleiten, wo vor Zeiten ein Rittersitz gewesen, von dessen Existenz der in der Nähe des Dorfes befindliche Burgberg noch Kunde gibt. Die Familie ist darum von der meißnischen Familie von Stöntsch oder Stentzsch zu unterscheiden, deren gleichnamiger Stammsitz in der Nähe von Meißen liegen soll. Da die Herren von Studenschen zu den Burgmannen von Altenburg gehörten, so mußten sie auch wol ihren Sitz in der Nähe der ihrer Bewachung mit anvertrauten Burg haben, und es ist daher anzunehmen, daß sie, auch wo dies nicht besonders erwähnt ist, Besitzer von Stünzhain waren, das mit Kürbitz, Oberlöbla, Knau, Poschwitz ꝛc., den Sitzen anderer Burgmänner, einen Ring um Altenburg schloß.
Mitth. a. a. O. VI. S. 431.

[46]) Von welchem Orte die Familie von Melre ihren Namen geführt hat, ist unbekannt, ihr erstes Vorkommen weist auf Thüringen hin.
Mitth. a. a. O. VI. S. 379.

außer dem obengenannten Heinrich von Stubenschen
>Ludwig von Stange,
>Heinrich von Knau;

endlich unter der Regierung Friedrich des Streitbaren und seiner Brüder Wilhelm und Balthasar, Landgrafen in Thüringen und Markgrafen in Meißen:
>(S. Horns Leben Friedrich des Streitbaren S. 680).
>>Heinrich von Würzburg,
>>Heinrich von Kospod,
>>Siverd und Heinrich von Stange,
>>Albert von Gabelentz.

Außer den Burgmannen auf der Burg zu Altenburg gab es noch eine Anzahl anderer Adeligen, welche mit einigen von ihnen selbst zu stellenden Kriegsknechten für außerordentliche Fälle gleichfalls zum Kriegsdienst, eventuell zur Vertheidigung der Burg, verbunden, und dafür ebenfalls im Genuß gewisser, dem Kaiser oder dem Reiche gehöriger Güter waren. Ein solches Verhältniß der Kriegsdienstpflicht bezeichnet ohne Zweifel das Wort miles (Ritter)[47], welches wir als Beiwort bei adeligen Namen so häufig in Urkunden aus jener Zeit vorfinden.

---

[47] Mit den Ritterschaften und ihrer Verpflichtung zum Dienste bei einem Schlosse stand ohne Zweifel die Einrichtung der Burgwarten in Verbindung, denn Burgwart bedeutete einen Bezirk, welcher auf die Kriegsdienstpflicht der darin begriffenen Ritter bei einem Schlosse sich bezog.

Zuweilen wurde das Wort Burgwart auch als gleich mit Weichbild gebraucht und im Zusammenhang mit Gericht:
in den Grenzen der Gerichte, welche Weichbild und Burgwart genannt werden;
so in einer Urkunde v. J. 1276 bei Irisander Naumburg. Urk. S. 85
in bonis suis et judiciis et in his quae vulgariter Weichbilde vel Burckwardt dicuntur,
womit zusammen zu stellen ist, daß Burgwart schon im zehnten Jahrhundert als gleichbedeutend mit municipium für städtische Verfassung sich findet.

Oefters gehörten noch andere Ritter als die Ritter des Schlosses selbst zu einem Burgwart; diese finden wir mit dem Worte milites provinciales (Landbezirksritter) bezeichnet. Diese Ritter vom Lande bildeten gemeinschaftlich mit den Bauern eine Gemeinde oder Gemeinschaft (communitas), weshalb wir öfters in Urkunden die Bezeichnung communitas militum provincialium et rusticorum finden.

Von einem Aufgebote der Bauern haben wir aus unseren Gegenden keine bestimmten Nachrichten; es ist aber vorauszusetzen, daß auch die Bauern, theils mittelbar als Hintersassen unter dem Befehl ihrer Herren, theils unmittelbar unter dem Voigt oder Burggraf, Bestimmung und Verpflichtung zum Kriegsdienst gehabt haben.

Aus jenem Verhältniß der Ritter zu den Fürsten, nämlich: daß sie zu Kriegsdienst verpflichtet, daß sie an Schlösser gewiesen und dafür mit erblichem Besitze von Grundstücken versehen waren, so dem Fürsten angehörig, — in allen diesem den Ministerialen gleich, — rührt der Ausdruck her, daß sie nebst letzteren eine Familie des Fürsten bildeten. So findet sich in einer Urkunde in Schöttigen, Kreyssig, Script. 2, 176 der Ausdruck: Milites et pueri (Knappen) familiae nostrae.

Die Verschiedenheit in den Verhältnissen der Dienstmannen oder Ministerialen ist so mannichfaltig in dem Mittelalter gewesen, daß ein Haupt-

In der Bestimmung der Ritter, wie der höheren Ministerialen, lag es außerdem, die Umgebung des Fürsten zu bilden, auch bei dem Landdinge als Begleitung desselben sich einzufinden. Dies bestätigen die häufigen Namen der Ritter als Zeugen in Urkunden, als einer bestimmten Klasse.

Auch die Stadtbewohner waren zum Kriegsdienst sowohl, wie zu anderen Leistungen für das Kriegswesen verpflichtet [48]). Die zum Schloßdienst berufenen Bürger kommen unter dem Namen Urbani vor. In einer Urkunde v. J. 1223 werden zwei Urbani auf dem Schlosse zu Altenburg neben anderen Bürgern genannt, Rumarus und Hugo de Kriwitze. (S. Liebe a. a. O. S. 16.)

Allgemein und der Kriegskunst des Ritterstandes gleich war die Waffenübung der Bürger allerdings nicht, aber auch die Ungeübten kämpften im Nothfall.

Der Kriegsdienst der Städte trug überhaupt zu der damaligen Zeit mehr ein Gepräge der Selbstständigkeit. Da die Bürger in der Regel eine bestimmte Zeit des Feldzugs hindurch sich selbst beköstigen mußten, so hatten sie auch einen Antheil an der Beute.

Sie blieben gewöhnlich, wenn sie zum Kriegsdienst herangezogen wurden, als ein gesonderter Haufe zusammen und wurden nicht unter die Anderen eingeordnet. Wohl mochte aber der Burggraf in dem Falle als der natürliche Anführer der Bürgermiliz angesehen worden sein, wenn die Bürger auf seinen Aufruf zur Vertheidigung der Burg herbeieilten.

Endlich finden sich auch Spuren von Söldnern in den mittleren Zeiten. So miethete die Stadt Erfurt in einer Fehde mit benachbarten Grafen und Herren im Jahre 1275 dreihundert auswärtige Krieger. (Tittm. a. a. O. I. S. 242.)

So war denn das Heer vielfach in folgender Weise zusammengesetzt: Vasallen, Ritter, Ministerialen, Städte, Landleute, Söldner. Dennoch finden sich immer nur geringe Zahlen in den Heeren. Dies mochte wol hauptsächlich den Grund haben, daß

---

begriff sich nicht angeben läßt, soweit er nicht in dem Worte selbst liegt. In der Ministerialität schloß sich an einen niedern Bauernstand ein hoher Rang in jenen vier hohen Hofämtern: Marschall, Kämmerer, Truchseß und Schenk, die selbst wieder so verschieden waren, daß in höchster Stelle Fürsten selbst ein Verhältniß nicht verschmähten, welches sonst zu Unfreiheit und Dienstbarkeit (servilis conditio) gehörte.

Das Gemeinschaftliche der Ministerialität war das, daß der Ministerial nach seinem Geschlecht zu Dienstpflicht und dafür angewiesenem Genuß bestimmt war, und daß er aus diesem sich vererbenden Verhältnisse nicht willkürlich treten konnte. Häufig heißen Ministerialen auch Ritter, als zur Ritterschaft des Dienstherrn gehörig.

Endlich bezeichnet das Wort Ministerialen zuweilen den ganzen Inbegriff eines Heeres (s. bei Mende a. a O. II. S. 406), und daraus möchte hervor gehen, daß nicht nur hohe, sondern auch niedere Ministerialen im Kriege gedient haben.

Tittm. a. a. O. I. S. 229. 234. 235. 241. 245. 246.
[48]) Tittm. a. a. O. I. S. 240.

der Krieg zu der damaligen Zeit oft zu plötzlich kam, aber auch oft zu schnell endete, als daß die Städte oder alle Vasallen hätten herbei gezogen oder sonst Aufruf und Werbung hätten bewirkt werden können. Es war auch zu jenen Zeiten weniger darauf abgesehen, den Feind zu bezwingen, als ihm recht viel Ungemach anzuthun, bis er endlich sich fügen mußte.

Vierzig Jahre nach dem Tode des Markgrafen Heinrich zu Meißen finden wir die Zahl der Heerwagen genau bestimmt, welche von Prälaten, Grafen und Herren bei Feldzügen zu stellen waren. Jede der damals beträchtlichsten sächsischen Städte, Dresden, Grimma, Altenburg, Leipzig, Hain, hatte drei Wagen, andere Städte hatten einen oder zwei zu stellen [49]).

Ein hauptsächlicher Theil der damaligen Kriegskunst bestand in Befestigung der Plätze, von wo aus man sich gegen äußere Angriffe vertheidigen konnte, besonders in Befestigung der Städte, wozu die Bürger Dienste leisten mußten.

Zu Altenburg waren zwei Dritttheile des Einkommens von dem Institute der Kur (bei dem Gerichtswesen) zur Befestigung der Stadt bestimmt [50a]). Mauern, Thürme, Gräben, Vermachung, namentlich von Weidengeflechten, Bollwerke, Erker ꝛc. waren die gewöhnlichen Mittel der Befestigung.

[49]) Tittm. a. a. O. I. S. 242. 243.
[50a]) Liebe a. a. O. S. 33.

burggräfliche Würde)

IV.

ter Burggraf von Al-
, und mußte sich nach
der Burggrafschaft Alt-
. Er starb im Jahre
paßthum Altenburg sie-
Ernsthaften von Meis-
Tochter Elisabeth, Gemah-
in sie verblieben. Mit
fliche Würde, und er war
. Seine Gemahlin hieß
Böhmen **ex gente**
Goila.

Dietrich IV.

Er war der jüngste Sohn Burggraf **Dietrich II.** von Altenburg und letzter Sprößling der ausgestorbenen Burggrafen von Altenburg. Er wurde 1335. geboren und gelangte im 30sten Jahre seines Lebens, im Jahr 1335, zur Würde eines Hochdeutschmeisters des Preußischen Ordens, in welchen Orden er 1300. aufgenommen wurde. Er starb berühmt, als Ordensmeister und als der letzte seines Stammes, am 13. Juni (?) 1341.

(Vergl. dagegen Anmerkung 114)

und Erbin von
II. Burggraf **Otto II.**
lte, und die ihm

Specieller Theil.

Abschnitt IV.

Geschichte der Burggrafen von Altenburg.

Der Genealogie der Burggrafen von Altenburg hat der Verfasser die umstehend ersichtliche Stammtafel von Erbstein aus dessen numismatischen Bruchstücken Heft 3 zu Grunde gelegt, welche man für die beste von den vorhandenen hält [50b].

Eine eigentliche, aus urkundlichen Quellen geschöpfte Lebensgeschichte derselben ist nicht vorhanden. Die meisten der von den Burggrafen von Altenburg ausgestellten Urkunden, von denen mehrere im beigefügten Urkundenbuch mitgetheilt werden, betreffen Schenkungen an Klöster und an das deutsche Ordenshaus zu Altenburg, welches letztere die besondere Gunst derselben besessen zu haben scheint.

Die vielen Schenkungen an Klöster, wie sie zu damaliger Zeit häufig vorgekommen sind, erklären sich dadurch, daß begüterte Leute, die in einigem Ansehen standen, Jahrgedächtnisse in Klöstern oder in Kirchen, in welche sie später sich begraben lassen wollten, zu ihrem Seelenheil oder dem ihrer Angehörigen mit ihrem Gelde

---

[50b] Da Erbstein die Stammtafel der Burggrafen von Altenburg blos zu speciellem numismatischen Zweck aufstellte, so sind Frauen und Säuglinge, welche nicht münzten, begreiflicher Weise darin weggelassen, und es wäre daher dieselbe eigentlich zu ergänzen gewesen. Eine genaue Prüfung mußte aber da natürlich ohne Erfolg bleiben, wo es, wie hier, an jedem urkundlichen oder wenigstens sichern Anhalt fehlte. In der That hat der Verfasser nur wenige Notizen über die Frauen der Burggrafen von Altenburg vorgefunden. Immerhin muß aber diese Erbstein'sche Stammtafel für die beste gelten, und sie ist jedes Falls der in dem genealogischen Werke von Henninges enthaltenen ungenügenden Genealogie jener Burggrafen vorzuziehen.

sich erkauften, um, wie sie meinten, die Seligkeit desto sicherer dadurch zu erlangen.

Ein solches Anniversarium stiftete Burggraf Albrecht II. zu Altenburg zum Gedächtniß an seinen verstorbenen Vater Albrecht I. vor dem St. Katharinenaltar in der Marienkirche zu Altenburg[51]), auf welchem die Mönche des Bergerklosters ein ewiges Licht für ihn unterhalten mußten, wie wir denn ferner erfahren, daß derselbe Albrecht im Jahre 1229 eine von seinem Vater dem gedachten Kloster gemachte Schenkung mit Zustimmung seiner beiden Vettern, Konrad von Frohburg und Heinrich von Flügelsberg, bestätigt und zu derselben noch den Zins von drei Hufen in löpitzer Flur, welcher jährlich dritthalb Talent und einige Scheffel Getraide betrug, gefügt hat, wovon zehn Schillinge zum Ankauf von Lichtern für den Altar St. Pauli in der Marienkirche zu Altenburg und ebenso viel für den Altar des heiligen Martin in der Martinskapelle auf dem hiesigen Schlosse, desgleichen ein Schilling gleichfalls zu Lichtern bei der Messe am Gedächtnißtage seines Vaters verwendet werden sollten.

Von dem Stammvater der Burggrafen von Altenburg, dem Burggraf

Heinrich I.,

ist urkundlich bekannt, daß er, zum Vortheil des Bergerklosters[52]), bei dessen Stiftung sich aller Rechte an dem Grund und Boden begab, auf welchem dasselbe von Kaiser Friedrich I. erbaut wor-

---

[51]) Mit Ausnahme des Burggrafen Heinrich IV. von Altenburg, der in dem Kloster Buch begraben ist, fanden die übrigen altenburgischen Burggrafen ihre letzte Ruhestätte in dem burggräflichen Erbbegräbniß in der Kirche des Bergerklosters zu Altenburg. Huth a. a. O. S. 216. Mencke a. a. O. III S. 1180. Urkunde Nr. XX³. Urkunde Nr. XXV des Urkundenbuchs. Von der Grabstätte der Burggrafen von Altenburg ist aber keine Spur mehr vorhanden, wie ja — was der Verfasser zugleich bemerken muß — ein gleicher Mangel an anderen Reminiscenzen und Reliquien aus der burggräflichen Zeit, als an Sagen, Volksliedern, Staats- und Rechtsalterthümern und sonstigen Antiquitäten, wie z. B. auch an Bauwerken, Waffen und Rüstzeug aus jener Zeit leider zu vermissen ist, da es an jedem gegründeten Nachweis darüber fehlt.

[52]) Eine eigentliche Geschichte des Bergerklosters der regulirten Chorherren des Augustinerordens oder des Klosters zu Unserer lieben Frau auf dem Berge vor Altenburg besitzen wir nicht.

Dasselbe ward im Verlaufe der Zeit die großartigste Stiftung dieser Art in weiter Umgegend, wenn schon seine zahlreichen Einkünfte und Besitzungen sich fast nur in dem Bezirke des Amtes Altenburg und dessen nächster Umgebung befanden.

Außer dem höchst bedeutenden Grundbesitz in der Stadt Altenburg und deren Flur bezog dasselbe aus mindestens fünfzig Dörfern beträchtliche Einkünfte. Außer mehreren Kirchen und Kapellen der Stadt Altenburg waren fünf Parochialkirchen ihm zur Verwaltung anvertraut.

Eine große Zahl von Urkunden vom Jahre 1172 an bis zur Zeit der Aufhebung des Klosters im Jahre 1543, von denen 163 im hiesigen Regierungsarchive sich befinden, gibt Kunde von der Bedeutendheit dieser Anstalt.

Von diesem nach allen auf uns gekommenen Nachrichten so ansehnlichen und umfangreichen Kloster sind nur noch die beiden im byzantinischen Style

ben ist ⁵³), damit derselbe solchen als aufgelassenes Reichslehn dem dortigen geistlichen Convente eigenthümlich zuwenden konnte. Für diese Bereitwilligkeit, ihm solchergestalt zu seinem Vorhaben behilflich worden zu sein, ertheilte der Kaiser ihm wahrscheinlich, wie man vermuthet, die burggräfliche Würde. Von seinen übrigen Lebensumständen und Familienverhältnissen ist außer der Nachricht, daß er bei seinem um 1212 erfolgten Tode 3 Söhne, Albrecht, Heinrich und Dietrich, hinterlassen hat, Nichts bekannt. Ihm folgte sein ältester Sohn

Albrecht (I.)

in der burggräflichen Würde. Wann dieser sein Amt angetreten hat, ist ungewiß, es möchte jedoch in Uebereinstimmung mit anderen gleichzeitigen Ereignissen, bei welchen er wahrscheinlich bereits in Bekleidung seiner burggräflichen Würde betheiligt gewesen ist, wohl vor dem Jahre 1212 geschehen sein.

Im Jahre 1215 verkaufte derselbe um 95 Mark vier in dem Bezirk des Bergerklosters zu Altenburg gelegene Hufen an dasselbe. cf. Wagners Collect. Band VIII. Nr. 107, Seite 326.

Die erste Zeit seiner Amtsführung floß ruhig dahin. Kaum hatten aber der Tod Kaisers Heinrich VI., des Sohnes und Nachfolgers Friedrichs I., und die darauf erfolgte uneinige Wahl der Stände bezüglich der beiden Gegenkönige Philipp und Otto die Ruhe des deutschen Reichs unterbrochen, so traten auch verschiedene Störungen und Verwickelungen für Albrecht ein.

Wir müssen hier, zum größern Verständniß des Erwähnten, einen Blick auf die allgemeinen politischen, wie geschichtlichen, Ereignisse im deutschen Reiche werfen.

Nach dem zu Messina am 28. September 1197 erfolgten Tode des Kaisers Heinrich VI., dessen starker Arm und eiserner Wille bisher die stürmischen Elemente in Deutschland und in Italien in Furcht und Unterwerfung gehalten hatten, trat ein völliger Umschwung aller Verhältnisse in diesen Ländern ein.

Die kaiserliche Herrschaft in Italien ging großentheils verloren, und in Deutschland öffnete eine zwiespaltige Königswahl allen Gräueln des innern Krieges von neuem die Thore.

Bei Heinrichs Tode war sein Sohn und Thronerbe Friedrich erst ein dreijähriges Kind, dessen Mutter und einstweilige Vormünderin, Constanze, Rogers II. Tochter, als Erbin von Sicilien und Neapel ihm nur die Krone Siciliens zu erhalten vermochte;

---

von Backsteinen erbauten Thürme, die rothen Spitzen genannt, ein Klosterbrunnen und einiges Gemäuer mit einer alten Inschrift vorhanden, wenn nicht vielleicht der Unterbau des Frauenfelses in hiesiger Stadt mit seinen zahlreichen Gewölben aus den Zeiten des Klosters herrührt.

Huth a. a. O. S. 255. Mitth. a. a. O. I. Heft 3, S. 41 ff.

Ein ausführlicher Aufsatz über das Bergerkloster findet sich in dem Altenburgischen vaterländischen Geschichts- und Hauskalender auf das Jahr 1867 von dessen Herausgeber, Dr. Hase.

⁵⁷) Oppel a. a. O. II. S. 115. Mencke a. a. O. S. 1181.

und obgleich dessen Oheim väterlicher Seits, Phillpp, Herzog von Schwaben, nach seiner bald auf Heinrichs Tod erfolgten Rückkehr aus Italien im Jahre 1198, durch Gewinnen vieler befreundeter Fürsten sich bemühte, das Reich für seinen Neffen und Mündel, der ja schon als unmündiges Kind zum deutschen König gewählt war, zu erhalten und sich als Reichsverweser anerkennen zu lassen, so bewirkten doch die Ränke des Papstes Innocenz III. und die Abneigung der deutschen Fürsten, einem Kinde den Kaiserthron zu übergeben, daß Berthold von Zähringen zu Andernach zum deutschen König erwählt wurde. Philipp, der aber über große Summen zu verfügen hatte, wußte indessen den Letzteren, wie man sagt durch 11,000 Mark Silbers und durch Lehen, bald zum Rücktritt zu bewegen, worauf er 1198 zu Mühlhausen von den Herzögen zu Schwaben, Sachsen, Baiern und A. zum König sich wählen und zu Mainz von dem Erzbischof von Tarent, in Abwesenheit des Erzbischofs Konrad von Mainz, sich krönen ließ. Papst Innocenz III. erklärte jedoch die Handlung seines Legaten für nichtig und begünstigte den Gegenkönig der welfischen Partei, den zweiten Sohn Heinrichs des Löwen, Otto von Braunschweig, für welchen auch die Mehrzahl der geistlichen Fürsten, sowie auch der Landgraf Hermann I. von Thüringen geneigt waren.

Otto war in Folge seiner kräftigen Persönlichkeit ein in jener ritterlichen Zeit hervorragender Mann, der vor Allem durch eine ungewöhnliche Leibesstärke und kühne Tapferkeit sich auszeichnete. Vornehmlich in Betrachtung dieser Eigenschaften wurde er als Otto IV. zum König des deutschen Reichs erhoben und in Aachen am 12. Juli 1198 gekrönt.

Es standen jetzt von neuem zwei Parteien im Reiche sich gegenüber, die mit allen Mitteln der Gewalt und der Rede sich bekämpften. Noch fehlten einige Tage bis zum Ablauf der verabredeten Waffenruhe, da wurde der Kronenstreit unerwartet durch Philipps Ermordung durch Otto von Wittelsbach auf der Altenburg bei Bamberg unterbrochen. Dies geschah am 21. Januar 1208. Doch auch König Otto hielt sich nicht lange. Er wurde im Jahre 1210 von Papst Innocenz III. in den Bann gethan, der alle Unterthanen desselben von dem ihm geleisteten Eide löste und die Fürsten aufforderte, einen andern König zu wählen.

Auch die Baiern und Schwaben fielen bald von ihm ab und wandten sich dem jugendlich kräftigen und schönen Sohne Heinrichs VI., Friedrich II., zu, der schon im November 1212 seinen ersten Reichstag in Mainz hielt und die Schwüre der Treue von seinem bereits mächtigen Anhang in Empfang nahm.

Schon früher hatten sich die Erzbischöfe Siegfried von Mainz und Wichmann von Magdeburg gegen Otto erklärt und ihm dadurch viele Gegner zugezogen. Die Verbündeten des Letzteren waren Ludwig von Baiern, Albrecht von Brandenburg, Dietrich von Meißen und König Johann von England.

Im Jahre 1212 beschwor zwar Burggraf Albrecht von Altenburg zu Frankfurt im Namen und als Vasall des Königs Otto den zwischen diesem und dem Markgraf Dietrich von Meißen abgeschlossenen Vertrag, nach welchem dieser sich anheischig machte, dem König kräftigen Beistand wider alle seine Feinde zu leisten, während Jener ihm dafür versprach, daß er jederzeit als einen gnädigen Herrn sich gegen ihn erweisen und ihn gleichfalls wider alle Feinde und Widersacher auf das Nachdrücklichste in Schutz nehmen werde; als aber Friedrich II. später von den deutschen Fürsten zum König erwählt wurde, verließ Burggraf Albrecht die Partei Otto's und wendete sich auf die Seite des Ersteren, in dessen Dienst er einen großen Theil seiner Kräfte und sogar seines Vermögens aufopferte [54]). Für diese Ergebenheit belehnte Friedrich II. ihn und seine Nachkommen mit der Stadt Lopschitz (Lobstädt) und ihrem Gebiete [55]).

Für Friedrich, welcher 1212 zu Mainz gesalbt wurde, hatten die meisten übrigen Fürsten, sowie auch König Philipp August von Frankreich, sich erklärt, welcher ihn mit Hülfsgeldern unterstützte. Gegen den Letzteren wandte sich nun Otto zunächst, verlor aber am 27. Juni 1214 die entscheidende Schlacht bei Bouvines und damit zugleich alle Hoffnung, sich zu behaupten, denn von dieser Zeit an waren seine Macht und sein Ansehen gebrochen, während der mächtig gewordene Friedrich, obgleich damals erst 21 Jahre alt, am 25. Juli 1215 in Aachen sich krönen und salben ließ.

Sein früherer Gegner Otto, der in seine altsächsischen Erblande sich zurückgezogen hatte, starb daselbst 1218.

Nach wiederhergestellter Ruhe im deutschen Reiche hielt Burggraf Albrecht sich öfters am königlichen Hofe auf, wo er zu den ersten Hofleuten des Königs Friedrich gerechnet und wegen seiner Treue und Beständigkeit gern von diesem gesehen wurde [56]).

Bei dem regen und empfänglichen Geist Friedrichs II., der, außer der deutschen, italienischen, lateinischen, griechischen und arabischen Sprache, verschiedene Wissenschaften, namentlich auch Naturwissenschaft, trieb, in welcher er selbst ein Buch über die Jagd mit Vögeln geschrieben hat, war es nicht zu verwundern, daß sein Hof die vorzüglichsten Geister versammelte, durch welche ein reges Leben daselbst verbreitet wurde.

Als nach dem im Jahr 1221 erfolgten Absterben des Markgrafen Dietrich von Meißen dessen jüngster Sohn Heinrich, unter der Vormundschaft des Landgrafen Ludwig von Thüringen, einen Landtag nach Delitzsch im Jahre 1222 ausgeschrieben hatte, besuchte

---

[54]) Burggraf Albrecht sah sich sogar aus Geldmangel genöthigt, vier Hufen Landes, welche an das Schloß Altenburg und an Lysau angrenzten, an den Augustinerpropst Gerhard für 95 Mark Silbers zu verkaufen, welche Summe er ebenfalls im Dienste Friedrichs II. verwendete. Mencke a. a. O. III. S. 1181.
[55]) Dipl. ap. Menck. T. III. p. 1181.
[56]) Liebe a. a. O. L. c. S. 531.

Burggraf Albrecht denselben gleichfalls und bezeugte mit anderen unmittelbaren Reichsständen mehrere von dem Mark- und Landgrafen daselbst ausgestellte Urkunden[57]).

Im Jahre 1224 war derselbe Burggraf einer der Mitwirkenden und Zeugen, als die Bischöfe zu Hildesheim, Conradus, und zu Naumburg, Engelhardus, mit dem Landgraf Ludwig in Thüringen einen Grenzstreit zwischen den Herren von Rossen und dem Kloster Zelle beilegten.

Die Urkunde darüber ist zu Meißen, IV. Kal. Decembris 1224 ausgestellt.

S. Dr. Schäfers Sachsen-Chronik 1. Serie 1854, Seite 255.

Derselbe Burggraf beschenkte vielfach und reich das Bergerkloster zu Altenburg, unter Anderm mit 5 Hufen zu Stennewitz (Steinwitz), welche vorher der Ritter Andreas von Lysau von ihm in Lehn gehabt hatte, und 3 Hufen zu Gnaswitz (Gnadschütz), die er im Jahre 1228 mit 3 Hufen zu Lubewitz und einigen Einkünften an Gelde vermehrte, damit die Seelenmessen für seinen verstorbenen Vater desto eifriger gelesen, auch dafür die dazu gehörigen Lichter angeschafft werden möchten.

Außer einer in dem hiesigen Raths-Archiv vorgefundenen, freilich nicht verbürgten Nachricht, daß die Gemahlin des Burggrafen Albrecht I. eine geborne Gräfin von Wettin gewesen sei, und daß er außer 3 Söhnen, Albrecht, Heinrich und Dietrich, auch eine Tochter, Namens Jutta, gehabt habe, hat der Verfasser nichts Näheres über seine Familienverhältnisse erfahren können. Er starb am 23. August 1228.

Der Verfasser glaubt, daß es zum bessern Verständniß der ganzen damaligen Situation, die gewiß nicht ohne Einfluß auch auf den Burggraf bleiben konnte, wol nicht überflüssig sein dürfte, Einiges von den damaligen unglücklichen Zuständen in dem deutschen Reiche während der langen Abwesenheit Friedrichs II. in Italien an dieser Stelle einzuschalten.

Im Jahre 1220 wurde der siebenjährige Heinrich, ältester Sohn Friedrichs, zum deutschen König gewählt. Die Erfüllung dieses Wunsches hatte sein Vater auf dem in demselben Jahre zu Frankfurt gehaltenen Reichstag durch eine Constitution zu Gunsten der geistlichen Fürsten erreicht, welche einen guten Theil der kaiserlichen Rechte hingab.

Friedrich selbst brach bald darauf, im Herbst 1220, mit einem nur kleinen Gefolge nach Italien auf und ließ in Deutschland seinen genannten Sohn, unter der Vormundschaft des ehrenwerthen Erzbischofs Engelbert zu Köln, als Reichsverweser zurück.

Nachdem Friedrich in der Peterskirche zu Rom am 22. November 1220 zum römischen Kaiser gekrönt worden war, verblieb er 15 Jahre in Italien, ohne auch nur ein einziges Mal in der

---

[57]) Horn, Vita Henr. Illustr. in codic. Diplom. Nr. 2.

Zwischenzeit nach Deutschland gekommen zu sein, was natürlich schlimme Folgen nach sich ziehen mußte.

Nach der Ermordung Engelberts durch seinen eigenen Neffen, den Graf Friedrich von Altena und Isenburg, im November 1225 befand sich Heinrich ohne treue Rathgeber und Führer, worauf sein Gemüth, in Folge schlechten Umgangs und fremder, seinem Vater feindseliger Einflüsterungen, immer mehr von diesem abgewendet wurde.

Heinrich wirthschaftete inzwischen während der langen Abwesenheit seines Vaters auf die unverantwortlichste Weise in Deutschland, indem er Reichsgüter verschwendete, auch außerdem viele Willkührlichkeiten und Bedrückungen sich erlaubte, durch welche er in Fehden mit Fürsten sich verwickelte. Die im Jahre 1232 zwischen seinem Vater und ihm erfolgte Aussöhnung dauerte deshalb auch nicht lange, da er bald sein altes böses Spiel von Neuem begann.

Er suchte z. B. die Städte dadurch zu gewinnen, daß er Concessionen ihnen machte, auch eine Verbindung mit dem lombardischen Städtebund im Jahre 1234 anzuknüpfen versuchte, um, wie er glaubte, mit dessen Hilfe den Plan, seinen Vater zu verdrängen und sich als römischen Kaiser an seine Stelle einsetzen zu lassen, desto sicherer auszuführen.

Sein Vater kam jedoch auf die Nachricht von dem Abfall seines Sohnes in dem folgenden Jahre selbst nach Deutschland, ließ denselben verhaften und in Apulien in strengem Gewahrsam halten, wo er nach 7 Jahren, im Jahre 1242, im Kerker starb.

Nachdem Kaiser Friedrich die durch seines Sohnes Mißregierung in Deutschland herbeigeführten monarchischen Zustände geordnet hatte, zog er im Jahre 1236 abermals nach Italien, um daselbst die von dem Papste Gregor IX. aufgeregte Welfenpartei zu bekämpfen.

Kaum hatte der Krieg aber dort begonnen, so erregte Friedrich von Oesterreich, der Streitbare, große Unruhen im deutschen Reiche. Kaiser Friedrich kehrte deshalb 1237 aus Italien nach Deutschland zurück, unterwarf fast ganz Oesterreich, machte Wien reichsfrei und ließ seinen zweiten Sohn Konrad, Herzog von Schwaben, zu Speier zum römischen König erwählen. Später erhielt Friedrich von Oesterreich sein Land zurück, weil der Kaiser seines Beistandes gegen die Lombarden bedurfte.

Während seines Aufenthalts in Deutschland erweiterte und befestigte Friedrich II. nach Kräften die hohenstaufische Hausmacht. Die Ruhe wurde jedoch immer wieder in Deutschland gestört, so im Jahre 1241. In diesem Jahre wurde es nämlich durch die Mongolen bedroht, ohne daß der Kaiser wegen seiner italienischen Kriege irgend Etwas zum Schutze des Reichs thun konnte. Vergebens beschlossen die sächsischen Fürsten zu Merseburg einen Landsturm, er kam nicht zu Stande, und allein König Konrad und Friedrich von Oesterreich sammelten einige Schaaren, um die Grenzen zu decken.

Obgleich nun die Mongolen noch in demselben Jahre nach der Schlacht bei Wahlstatt sich zurück gezogen hatten, so wurde Deutschland dennoch von Neuem in anderer Weise, nämlich durch Fehden der Fürsten, Prälaten und der Städte beunruhigt, die während der Abwesenheit des Kaisers Friedrich in Italien immer mehr überhand genommen hatten. Allein auch der Kaiser selbst gerieth in Bedrängniß, und er sah sich sogar genöthigt, nach Lyon zu fliehen, als er vor den Nachstellungen des Papstes Innocenz IV. in Rom sich nicht mehr sicher glaubte. Bald wurde er von dem Letzteren für einen Ketzer erklärt, über den dieser den Bannfluch aussprach. Derselbe reizte selbst sogar Fürsten und Bischöfe gegen den Kaiser auf.

Nun bot der Papst die deutsche Krone mehreren Reichsfürsten an, die dieselbe aber ausschlugen. Endlich ließ der Landgraf Heinrich Raspe von Thüringen, welchen der Kaiser an Stelle des Erzbischofs Siegfried von Mainz zum Reichsverweser ernannt hatte, durch eine hohe Geldsumme sich erkaufen, als Gegenkönig aufzutreten. Er wurde auch wirklich 1246 von den rheinischen Erzbischöfen anerkannt und gekrönt. Ebenderselbe schlug den König Konrad bei Frankfurt a. M., erlitt aber bald darauf selbst eine Niederlage bei Ulm und starb am 17. Februar 1247.

Ein sehr geringes Ansehen hatte Graf Wilhelm von Holland, welcher als Gegenkönig von einigen Bischöfen am 3. October 1247 erwählt wurde, weshalb er, auch insbesondere, da er zu wenig Mittel besaß, um sich zu behaupten, Nichts ausrichten konnte.

Konrad, von dem päpstlichen Anhang geschlagen, sah sich bald genug gezwungen, zu seinem Vater nach Italien zu fliehen. Bevor aber der Kaiser den Trotz des Papstes, wie er gehofft, gebrochen hatte, starb er unerwartet an einer ruhrartigen Krankheit zu Fiorentino am 13. December 1250.

Nach dem Tode Friedrichs II. stritten Konrad IV., schon bisher römischer König, und Wilhelm von Holland sich um die Krone Deutschlands; allein auch Konrad überlebte seinen Vater nicht lange.

Nachdem derselbe von Wilhelm von Holland 1251 bei Oppenheim eine Niederlage erlitten hatte, übergab er die Reichsverweserschaft in Deutschland seinem Schwiegervater Otto dem Erlauchten von Baiern und zog 1251 mit einem Heere aus Deutschland nach Italien. Dort wurde er vom Papst angeklagt, seinen Bruder Heinrich im Jahre 1242 im Gefängniß vergiftet zu haben. Konrad unterwarf Apulien und eroberte 1253 Neapel, starb aber zu Lavello im Neapolitanischen bereits am 21. Mai 1254.

Indessen gewann König Wilhelm von Holland wenig durch Friedrichs II. und Konrads IV. Tod, und er spielte nach wie zuvor eine traurige Rolle. Es blieb sogar wirkungslos, als er Konrads Anhänger mit der Reichsacht belegte.

Durch die Bestätigung des rheinischen Städtebunds im Jahre 1254 zog er sich viele Feinde unter den fehdesüchtigen Reichsständen zu. Der Erzbischof Konrad von Köln vertrieb ihn mit Gewalt aus der Grafschaft Holland, in Folge dessen Wilhelm aus Geldmangel sich sogar genöthigt sah, Reichsgüter zu verkaufen. Jedoch schon im Jahre 1256 kam er in einem Feldzuge gegen die empörten Friesen um.

Es trat nun eine nicht minder verhängnißvolle Zeit für Deutschland von 1256—1273 ein.

Durch die vielfachen Widerwärtigkeiten der letzten Könige war die deutsche Krone so wenig begehrenswerth geworden, daß kein deutscher Fürst sie annehmen wollte, und da Papst Alexander IV., der mit seinen Vorgängern den Haß gegen die Hohenstaufen theilte, sich ebenfalls gegen die Wahl Konradins, des hinterlassenen Sohnes Konrads IV., zum deutschen König erklärt hatte, so sahen die Kurfürsten sich genöthigt, die deutsche Krone auswärtigen Fürsten anzubieten.

So sehen wir bald Richard, Graf von Cornwall und Poitou, und Alfons X. den Weisen von Castilien als Träger derselben, von denen der Erstere sich noch am längsten gehalten hat. Im Jahre 1264 gerieth derselbe in der Schlacht von Lewes durch Simon von Montfort in Gefangenschaft und wurde 14 Monate lang in strenger Haft gehalten.

Konradin von Schwaben hoffte noch immer auf die deutsche Kaiserkrone, allein die Ränke des Papstes hintertrieben jeden Versuch, die Fürsten Deutschlands zu einer Wahl zu einigen. 1267 zog derselbe, von der Ghibellinischen Partei angerufen, nach Italien, um, nachdem er dort das Erbe seiner Väter mit den Waffen erobert haben würde, auch seinen Anspruch auf die deutsche Kaiserkrone geltend zu machen; jedoch sein Feldzug endete in trauriger Weise. Er wurde auf der Flucht gefangen genommen und starb in Neapel auf dem Blutgerüst. Mit ihm erlosch das Haus der Hohenstaufen und auch das Herzogthum Schwaben, während die Häuser Baden, Habsburg und Württemberg durch dessen Erbgüter sich vergrößerten.

Nachdem König Richard, welcher 1268 wieder nach Deutschland gekommen und einen Reichstag nach Worms berufen hatte, am 2. April 1272 am Schlag gestorben war, wählten die deutschen Fürsten Rudolph von Habsburg in dem darauf folgenden Jahre zum deutschen König, auf den der Verfasser später zurückkommen wird

In diese Zeit der innern und äußern Kämpfe, die Deutschland durchzumachen hatte, fällt die erste Verpfändung des Pleißnerlandes an den Markgraf Heinrich den Erlauchten von Meißen, deren ungeachtet der Burggraf von Altenburg, unabhängig von dem Markgrafen, auch während der späteren Verpfändungen dieses Landes bei Kaiser und Reich verblieb.

Diese erste gedachte Verpfändung fand im Jahre 1246 statt, als Albrecht II., der älteste Sohn des Burggrafen Albrecht I. von Altenburg, die burggräfliche Würde bekleidete.

Die Gelegenheit zu der vorerwähnten Verpfändung des Pleißnerlandes gab bekanntlich die zwischen Kaiser Friedrichs II. Tochter Margarethe und des Markgrafen Heinrich ältestem Sohn Albrecht dem Unartigen verabredete Vermählung. Der Kaiser sollte seinem Versprechen gemäß 10,000 Mark Silbers dem gedachten jungen Landgraf, als Mitgift seiner Gemahlin, auszahlen lassen; da er aber solches nicht auszuführen im Stande war, so entschloß er sich, seine in Pleißen gelegenen Güter als Unterpfand an den Markgraf Heinrich von Meißen auf so lange zu überlassen, bis dessen genannter Sohn wegen der ihm versprochenen 10,000 Mark Silbers befriedigt sein würde. Markgraf Heinrich maßte sich aber sofort das Pleißnerland an und vereinigte es mit seinen übrigen Erbgütern.

Friedrich II. war nämlich verstorben, bevor die Vermählung zwischen dem genannten Sohne des Markgrafen Heinrich des Erlauchten und der kaiserlichen Tochter Margarethe vollzogen werden konnte. Deshalb nahm Markgraf Heinrich der Erlauchte für denselben um 1252 das Pleißnerland in Besitz, da an ein Auszahlen der versprochenen Mitgift bei dem darauf folgenden verworrenen Zustand des deutschen Reichs nicht zu denken war.

Um 1253 starb der Vetter des Burggrafen Albrecht II., Conrad von Frohburg, worauf dieser Ort, als zu Albrechts II. Erbe gehörig, wieder an die burggräfliche Linie zurückfiel [68]).

---

[56]) Man sieht solches aus einer Urkunde vom 13. November 1256, welche Burggraf Albrecht II. zu Frohburg ausgestellt, und laut deren er dem Marienkloster zu Altenburg mit Zustimmung seiner Erben seine Einkünfte zu Gnadschütz, das Burglorn genannt, nämlich in 3 Scheffeln Korn, ebensoviel Hafer und 9 Denaren bestehend, um 4 Mark Silbers verkauft hat. Huth a. a. O. S. 215. Liebe a. a. O. II. S. 532.

Derselbe Burggraf ist als Zeuge wiederholt in dem Codice Diplomatico Saxoniae Regiae des Hofraths Dr. Gersdorf in Leipzig, Band I. angeführt, z. B. 1244 (Seite 115) und 1262 (Seite 153).

Am 15. Februar 1244 soll nämlich Markgraf Heinrich von Meißen eine Vicarie bei der dortigen Domkirche zum Seelenheil seiner Eltern, seiner Gemahlin Constantia und seines treuen Dieners Conrad Machserue gestiftet haben, wobei unter Anderen Burggraf Albrecht II. als Zeuge genannt ist.

In der zweiten ibid. angeführten Urkunde v. J. 1262 erscheint unser Burggraf Albrecht als Schiedsrichter in Streitigkeiten Hugo's, Herrn von Woltenberg, und Bischof Albrechts II von Meißen.

Durch die Bemühung des Burggrafen Albrecht von Altenburg und des Bischofs Heinrich II. von Merseburg wurde ein Vertrag zwischen den streitenden Parteien am 1. März 1262 dahin zu Stande gebracht, daß Hugo von Woltenberg aller an den Bischof von Meißen wegen verschiedener Orte gemachter Ansprüche sich begab, dafür hingegen von diesem 100 Mark Silbers als Entschädigung aus der bischöflichen Schatzkammer ausgezahlt erhielt.

Im Jahre 1256 kam Markgraf Heinrich der Erlauchte persönlich ins hiesige Land und ließ sich von den Ständen huldigen, wobei er der Stadt Altenburg ihre Privilegien und Statuten, sowie dem Marienkloster seine Gerechtsame erneuerte und bestätigte.

Ob er nun gleich solchergestalt die Landeshoheit über das hiesige Land sich angemaßt hatte, so scheint er dennoch keineswegs der Meinung gewesen zu sein, demselben seine unmittelbare Reichsstandschaft abzusprechen, denn er behielt sowohl die vorige Regimentsverfassung, als auch die pleißnischen Landrichter bei.

Als er später zu Anfang des Jahres 1263 den größten Theil seiner Länder unter seine Söhne vertheilte, fiel der Besitz des Pleißnerlandes mit dem Eigenthum der Landgrafschaft Thüringen auf den Antheil des ältesten Sohnes Albrecht, dem ohnehin dasselbe von seiner Gemahlin Margarethe zukam.

Letzterer besuchte noch in demselben Jahre (1263) Altenburg, wo er längere Zeit residirte. Er betrachtete indessen das Pleißnerland ebenfalls, wie sein Vater, nicht als ein ihm unwiderruflich zugehöriges Erbland, ob er gleich sich einen Herrn desselben nannte.

Nach einem im Jahre 1275 mit seiner Gemahlin Margarethe wegen eines von ihm auffällig begünstigten Hoffräulein derselben, Kunegunde von Eisenberg (der sogenannten schönen Kunigunde), vorgefallenen verdrießlichen Auftritt wandte er sich aus den hiesigen Landen hinweg und pflegte von da ab mehr in Thüringen, als hier, sich aufzuhalten.

Während der persönlichen Anwesenheit des Landgrafen Albrecht in den hiesigen Landen blieb die Wahl des pleißnischen Landrichters ausgesetzt.

Burggraf Albrecht II. wohnte jener obengedachten Theilung bei und hielt sich in den folgenden Zeiten um so mehr zu dem Landgraf Albrecht, als er sich dessen Schutzes als eines neuen Besitzers von Pleißen bedienen mußte; er wird daher sehr oft als Zeuge in Urkunden desselben gefunden[59]).

Wann dieser Burggraf gestorben ist, läßt sich mit Gewißheit nicht angeben, man vermuthet um 1270[60]). Sein Leichnam wurde in dem burggräflichen Erbbegräbniß in der Kirche des Bergerklosters zu Altenburg vor dem St. Catharinen-Altare beigesetzt.

Der Verfasser hat in dem ersten Abschnitt bereits erwähnt, daß nach dem Tode des Burggrafen Albrecht II. bei einem zwischen dessen beiden älteren Söhnen Albrecht und Dietrich über die väterliche Erbschaft abgeschlossenen Vergleiche — während der dritte und jüngste Sohn, Heinrich, den geistlichen Stand erwählt hatte — durch den ältesten,

---

[59]) z. B. A. 1267 u. 1269. Vid. Thuringia Sacra S. 353. Liebe a. a. O. S. 22.
[60]) Im Jahre 1273 wird Albrechts III. als eines Burggrafen von Altenburg gedacht; mithin ist anzunehmen, daß sein Vater in diesem Jahre bereits todt gewesen ist.

Albrecht (III.),

die ältere Linie der Burggrafen von Altenburg zu Zinnenberg gestiftet worden sei. In Folge dieses Erbvergleichs erhielt derselbe nächst der burggräflichen Würde den ansehnlichern Theil der burggräflichen Güter, zugleich mit dem Stammschloß Zinnenberg.

Dieser Burggraf, welcher anfangs beim Antritt seines Amtes sich vielleicht nicht sogleich in dem damaligen verwirrten Zustand des deutschen Reichs zurecht zu finden gewußt hatte, erfuhr eine große Kränkung durch den Landgraf Albrecht von Thüringen dadurch, daß er im Jahre 1273 seiner burggräflichen Würde, wie selbst der Behausung auf dem Altenburgischen Schlosse, entsetzt, dagegen an seiner Stelle Einer von den landgräflichen Leuten, der Ritter Sigfried von Hopffgarten, von dem Landgraf zu dieser Würde erhoben worden war [61]). Nach dem im Jahre 1275 erfolgten Tod des pleißnischen Landrichters Anarch von Waldenburg wurde er aber von dem genannten Landgraf, vielleicht um das an ihm begangene Unrecht wieder gut zu machen, als Landrichter im Pleißnerlande bestellt.

Er bestätigte in demselben Jahre eine von Dietrich von Liznigl an das Bergerkloster in Altenburg gemachte Schenkung und überließ dem Letzteren zugleich alle ihm auf den Gütern dieses Klosters zugestandenen Ober- und Niedergerichte, die er von dem deutschen Reiche zur Lehn trug [62]). Hierzu fügte er alle zwischen dem Fischwasser, Nashausen und Lysau in den Gerichten Heinrichs von Scherfingen wohnhaften burggräflichen Lehnsverwandte mit der Bestimmung, daß diese anstatt der sonst gebräuchlichen Lehnwaare einen Solidum an das gedachte Kloster entrichten sollten [63]).

Ueberhaupt zeigte dieser Burggraf sich sehr freigebig gegen dieses Kloster, indem er demselben noch weiter nicht nur den ihm noch gehörigen Theil des Klosterbergs zueignete, welchen der Ritter Heinrich von Stange von ihm in Lehn gehabt hatte, sondern ihm auch den Besitz der rechten Seite der Pauritzer Gasse bestätigte, zwei Talente in der Altenburger Münze zum Besten kranker Mönche und zu Haltung einer Frühmesse anwies und drei und ein Viertel Morgen Landes zu Rödigen zueignete, welche Johann von Remsa und der altenburgische Bürger Heinrich von Kemnitz von ihm in Lehn gehabt hatten [64]).

Im Jahre 1279 gerieth die Herrschaft Pleißen völlig in die Hände des Landgrafen Heinrich des Jüngern von Thüringen, der, in Altenburg residirend, dieselbe schon früher mit Genehmhaltung seines Vaters, des Landgrafen Albrecht, besessen hatte. Daher

---

[61]) Liebe's Nachr. a. a. O. T. XII.
[62]) Mende a. a. O. Thl. III. p. 1181.
[63]) Mende a. a. O. Thl. III. p. 1075. Im Jahre 1279 wendete Burggraf Albrecht III. auch der Kirche St. Nicolai zu Altenburg einige Stiftung zu.
[64]) v. Schwarz I. l. p. 1183. Mende a. a. O. Thl. III p. 1183...

führte Burggraf Albrecht das Amt eines Landrichters in Pleißen jetzt in dessen Namen⁶⁵).

Der Landgraf Albrecht hatte nämlich seinen heranwachsenden Söhnen Heinrich und Dietzmann, sei es aus guter Absicht, vielleicht nach dem Beispiel seines Vaters, des Markgrafen Heinrich des Erlauchten, oder vielleicht, um vor ihren Vorwürfen wegen der ihnen, wie er wußte, verhaßten Stiefmutter sicher zu sein, gewisse Länder theils zur Verwaltung angewiesen, theils völlig abgetreten. Dietzmann verdrängte aber bald seinen ihm bei weitem an Körper und Geist nachstehenden Bruder Heinrich von der Mitregentschaft, nahm schon im Jahre 1279 allein Besitz von dem Pleißnerlande, schlug sein Hoflager im hiesigen Schlosse auf und lebte zehn Jahre hindurch meistens in den hiesigen Landen.

Heinrich, welcher von vielen Geschichtschreibern nur Heinrich ohne Land genannt wurde, begnügte sich mit einigen gewissen ihm angewiesenen Einkünften, die er ruhig zu Dresden mit seiner Gemahlin bis zu seinem im Jahre 1286 erfolgten Ende verzehrte. Er scheint sich gar nicht oder nur wenig an den Händeln seiner Brüder mit ihrem Vater betheiligt zu haben.

Wohl mag es nicht unwahrscheinlich erscheinen, daß der Landgraf Albrecht, der seit längerer Zeit mit seinen Söhnen Friedrich und Dietzmann in großer, sogar in öffentliche Thätigkeit ausartender Uneinigkeit gelebt⁶⁶), den König Rudolph von Habsburg schon

---

⁶⁵) v. dipl. in Liebens Nachlese S. 40. Albertus Burchgravius de Aldenburch & terre Plisnensis generalis Judex, declaramus quod cum in terra Plisnensi Illustris Principis domini & compatris nostri Heinrici Thuringorum junioris Landgravii & Saxonie Comitis-Palatini & terre Plisnensis Domini vicem geramus & ratione judicii onus suum nostris imposuerit humeris &c.
Acta sunt hec Anno M. CCLXXIX.

⁶⁶) König Rudolph von Habsburg verglich angeblich im Jahre 1286 den Landgraf Albrecht mit seinen Söhnen Friedrich und Dietzmann dahin, daß Ersterer von seinem Vater die Pfalz Sachsen, Letzterer das Pleißnerland erhielt. Dieser Vergleich soll in Altenburg abgeschlossen worden sein.
Vergl. Huth a. a. O. Seite 98 ff. mit den Mittheil. der Gesch. u. Alterthumsforschenden Gesellschaft des Osterlandes Bd. IV. S. 301 flg.
Von verschiedener Seite, wie auch an letzterem Ort, wird Vorstehendes, obgleich von vielen Geschichtsschreibern erwähnt, in Zweifel gezogen und behauptet, daß erst im Jahre 1290 eine Aussöhnung zwischen Albrecht und seinem Sohne Friedrich zu Eisenach zu Stande gekommen sei.
Bei Mende a. a. O. II. Seite 927 wird allerdings dieser Aussöhnung zu Eisenach in einer Urkunde v. J. 1290 gedacht. Auch könnte in der That bezweifelt werden, ob König Rudolph früher, als erst wieder im Jahre 1290 nach Thüringen, und beziehentlich nach Altenburg, gekommen wäre? Landgraf Albrecht, welcher später den Erfurtern zu spärlicher Belöstigung verbundengen war, starb fast im Elende im Jahre 1314.
Zugleich mag als etwas Charakteristisches an dieser Stelle bemerkt werden, daß zu jener Zeit ein solcher Luxus in Altenburg geherrscht haben soll, daß die vornehmen Bürger zu Fuß weder in die Kirche, noch zu einem Besuch gegangen, sondern entweder geritten oder gefahren seien.
Tentzelii vita Frieder. admors. ap. Mencken II. p. 922. v. Braun, Gesch. der Häuser Sachsen Thl. 3 S. 298. v. Beust, Jahrbücher des Für-

im Jahre 1282 an die Wiedereinlösung des Pleißnerlandes als eines Pfandlehns erinnert haben mochte, allein derselbe war nicht sogleich auf dessen Ansinnen eingegangen.

Von dem Burggraf Albrecht III. ist noch zu erwähnen, daß er kurz vor seinem um 1280 erfolgten Ende mit dem Kloster Buch, man weiß eigentlich nicht weshalb, in einen so ernsten Streit gerieth, daß er und sein ältester Sohn Heinrich dasselbe mit bewaffneter Hand überfielen. Sie sollen in den damals zum Kloster gehörigen Dörfern Streckenwalde, Auersberg, Mulbenau, Kirchenau und Lichtenhayn einen Schaden von mehr als zwei Hundert Mark Silbers angerichtet haben⁶⁷). Der fragliche Streit wurde endlich durch einen Vergleich beigelegt.

Aus der Ehe mit seiner Gemahlin Sophie (näher wird sie uns nicht bezeichnet) hatte Burggraf Albrecht III. drei Söhne, von denen der älteste, der so eben genannte

Heinrich IV.

ihm in der burggräflichen Würde nachfolgte, während dessen ihn überlebenden Brüder Dietrich (III.) und Heinrich (V.) als Ritter des deutschen Ordens von dem Ertrag einiger burggräflicher Güter lebten, die ihnen zu ihrem Unterhalt überlassen worden waren. Im Uebrigen standen sie sowohl mit diesem ihrem Bruder, als später nach dessen Tode, auch mit ihrem Oheim Dietrich II. von Rochsburg, auf welchen die burggräfliche Würde nach Heinrichs Tode überging, in gutem Einvernehmen.

Burggraf Heinrich IV. wird als solcher zuerst in einer Urkunde vom 1. Mai 1280 genannt, in welcher er bekennt, daß sein

---

stenthum Altenburg I. S. 69. Brotuff in seiner Historia Martisb. p. 348 sagt: Wenn die Bürger von Altenburg auf das Rathhaus haben kommen sollen, sind sie auf niederländischen Sesseln oder Sänftwagen hinauf gefahren, und wenn sie ein Gepräng oder hochzeitliches Fest gehabt, sind die Weiber nicht anders als auf Teppichen zur Kirche gegangen.

Uebrigens begann der Krieg zwischen dem Landgraf Albrecht und seinem Sohne Friedrich gegen das Ende des Jahres 1288 aufs Neue, weil dieser gezögert hatte, mehrere ihm in demselben Jahre außer der Pfalz Sachsen bewilligte ansehnliche Städte und Aemter in der Markgrafschaft Meißen auszuliefern, weshalb er von neuem in Thüringen einfiel, seinen Vater zwischen Eisenach und Gotha gefangen nahm und ihn nach Landsberg abführen ließ, wahrscheinlich mit dem Vorsatz, ihn nie wieder in Freiheit zu setzen. Allein die bessern unter den thüringischen Vasallen, das Unwürdige einer solchen Behandlung fühlend, kamen mit nachdrücklichen Verwendungen bei Ersterem ein und bewogen denselben zu dem bekannten rochlitzer Vertrag vom 1. Januar 1289.

⁶⁷) Oppel a. a. O. S. 130. Huth a. a. O. S. 217. v. Beust, Jahrbücher ꝛc. I S. 68.

Aus einer Urkunde des Burggrafen Dietrich II. von Altenburg vom Jahre 1291, in welcher seines Bruders Albert und dessen bereits verstorbenen Sohnes Heinrich (IV.) gedacht wird, geht hervor, daß ebenderselbe Burggraf Dietrich dem Kloster Buch in Unterlöbla und Seluwitz 7 Hufen als Ersatz für den auf 200 Mark geschätzten Schaden eignete, den jene Beiden dem gedachten Kloster verursacht hatten. cf. Wagners Collect. Bd. I. B. Nr. 34.

Lehnsmann Berenikus von Knau dem Marienkloster in Altenburg eine Hufe zu Rositz geeignet habe, welche einen Jahreszins von 4 Scheffeln Waizen, 5 Scheffeln Korn, 12 Scheffeln Gerste, $1/4$ Scheffel Mohn und ein Lamm zinste. Diese Hufe mit dem dazu gehörigen Bauerngute war mit einer andern Hufe verbunden, welche Richard von Ronneburg, ein altenburgischer Bürger, ebenfalls von dem Burggraf zu Altenburg in Lehn hatte, und wofür dieser jährlich am Feste der Himmelfahrt Mariä zum Zeichen der Lehnsbarkeit ein Pfund Wachs entrichtete [68]).

In die Regierungszeit dieses Burggrafen fallen die Händel des Landgrafen Albrecht von Thüringen mit seinen Söhnen, von denen der Verfasser oben gesprochen hat [69]).

---

[68]) Huth a. a. O. S. 218. Oppel dagegen erwähnt in seiner Geschichte der Burggrafen von Altenburg (S. 131), daß des Burggrafen Heinrich IV. zuerst in einer Urkunde Günthers von Crimmitzschau v. J. 1273 gedacht werde, laut deren dieser dem dortigen Kloster eine neue Bestätigung seiner Freiheiten ertheilte. Diese Urkunde ließ ꝛc. Günther zur größern Sicherheit durch seine Schwäger, den obenerwähnten Heinrich IV. von Altenburg und Heinrich von Coldiz, unterschreiben. Siehe die betr. Urkunde bei Schöttgen und Kreysig a. a. O. Thl. X. S. 202. Allein der Verfasser muß bezweifeln, daß dieser Heinrich IV. schon zu jener Zeit Burggraf von Altenburg gewesen ist, da sein Vater, der alte Burggraf Albrecht, damals noch lebte.

[69]) Die Ursache zu dem von den Landgrafen Friedrich und Dietzmann bereits im Jahre 1281 gegen ihren Vater eröffneten Krieg war wol hauptsächlich die: (obgleich, wie dem Verfasser wohl bekannt ist, mehrere Gründe diesfalls angegeben werden), das Unrecht an demselben zu rächen, welches er ihrer verstorbenen Mutter Margarethe zugefügt, die er in ungerechter Weise von sich gestoßen hatte. Er hatte sich darauf mit seiner Maitresse, Kunigunde von Eisenberg, ehelich verbunden. Mit dieser hatte er einen Sohn Apitz (Albrecht) erzeugt, für den er im Jahre 1287, nachdem dessen Mutter kurz vorher verstorben war, beim König Rudolph die Rechte ehelicher Geburt erwirkt, und ihm zugleich auch die Schlösser Tenneberg, Brandenberg, Breitenbach, Braudenfels und Wildeneck, nebst den dazu gehörigen Gerichten, eingeräumt hatte.

Der Tod seiner Gemahlin Kunigunde im Jahre 1286, der Urheberin so vieles Unglücks, mochte in dem Gemüthe des Landgrafen Albrecht die Erinnerung früherer glücklicherer Jahre und reinerer Familienverhältnisse wieder aufgeweckt haben, so daß er milder gegen seine Söhne Friedrich und Dietzmann gestimmt wurde. Er nennt sie z. B. in einer Urkunde vom 31. October 1286 seine geliebten Söhne und bedient sich bei einer Schenkung an das Katharinenkloster zu Eisenach ihrer Einwilligung. Alles dies läßt auf eine ernstlich gemeinte Aussöhnung des Vaters schließen.

Ganz leicht mochte diese noch in demselben Jahre erfolgte Versöhnung dem sie vermittelnden König Rudolph wahrscheinlich nicht geworden sein; denn, als dieser den Landgraf Friedrich daran erinnerte, wie fromme Kinder ihrem Vater unterthänig sein und ihn ehren und fürchten müßten, wo sie nur könnten, soll Jener erwiedert haben: Er könnte dieses Alles wohl thun, würde er nicht immer an den elenden Biß erinnert, den seine Mutter ihm in den Backen versetzt, als sie zuletzt von ihm geschieden sei, und dessen Narbe er noch trage.

Das Letztere geschah auf der Wartburg im Jahre 1270. Das Jahr darauf starb die Landgräfin Margarethe in der Verbannung zu Frankfurt. Huth a. a. O. S. 90. 100. Joh. Rothe, Chron. Thur. ap. Menck. II. pag. 1748. 1749. Histor. de Landgr. Thur. ap. Pistor. I. p. 1334.

Hier muß noch bemerkt werden, daß König Rudolph von Habsburg im Jahr 1282 den Voigt Heinrich den Aelteren von Plauen, im Namen des deutschen Reichs, zum Landrichter im Pleißnerlande eingesetzt [70]), und daß er zwischen den zu demselben gehörigen drei vorzüglichsten Städten, Altenburg, Chemnitz und Zwickau, ein Bündniß dahin veranlaßt hatte, daß sie bei einer ihnen in dem erwähnten gefährlichen Streite der landgräflichen Familie etwa bevorstehenden Befehdung gegenseitige Hülfe einander zu leisten sich verpflichteten [71]).

Aller dieser kaiserlichen Veranstaltungen ungeachtet, blieben die erwähnten Landgrafen gleichwol Besitzer des Pleißnerlandes wie zuvor; ja Dietzmann legte sich sogar den Titel eines pleißnischen Landrichters bei, vielleicht blos aus dem Grunde, um mit seiner Person dem kaiserlichen Landrichter den Rang streitig zu machen.

Kurze Zeit darauf trat sein Vater demselben das Pleißnerland ganz ab, seinem Glücke überlassend, sich darin so gut, als es gehen wollte, zu erhalten [72]); jedoch schon gegen das Jahr 1289 scheint derselbe andere Herrschaften und Städte auf sein Verlangen von seinem Vater dafür erhalten zu haben [73]).

Der Verfasser muß noch einmal zum Burggraf Heinrich IV. zurückkehren.

Am 8. December 1283 schlichtete derselbe in Verbindung mit dem genannten Landgraf Dietrich und seinem Oheim Dietrich von Rochsburg einen Streit zwischen dem Kloster Buch und den Gebrüdern Heinrich und Tunzold von Kaufungen dahin, daß der Abt dieses Klosters sich verbindlich machte, den Letzteren zehn Mark Silbers zu bezahlen, wogegen diese das Versprechen ablegten, das gedachte Kloster in Zukunft nicht mehr zu beunruhigen [74]). Er selbst überließ dem Letzteren in demselben Jahre vier Hufen zu Lohma, welche Dietrich von Leißnig von ihm zu Lehn gehabt hatte.

---

[70]) Dieser Voigt Heinrich d. Ä. von Plauen war ein Sohn des Gründers des Hauses Plauen, des Heinrich, welcher als Feldhauptmann (eine zu der damaligen Zeit sehr hohe Würde) in dem Dienst des Kaisers Friedrich II. stand.
Diesen begleitete sein genannter Sohn im Jahre 1228 auf dessen Kreuzzuge nach Palästina, wobei der Vater das 150,000 Mann starke, mit dahin geführte Heer befehligte.
Wegen der geistigen Vorzüge des Sohnes ernannte König Rudolph I. denselben im Jahre 1282 zum Landrichter im Pleißnerlande.
Limmer a. a. O. II. S. 364 sq.
[71]) v. Beust, Jahrbücher ꝛc. I. S. 67.
Das Jahr 1282 war ein Schreckensjahr für Meißen. Es entstand nämlich im Laufe desselben eine solche Hungersnoth daselbst, daß die Menschen sich selbst auffraßen und ihre Kinder schlachteten. v. Beust a. a. O.
[72]) Wilkii vita Ticemanni p. 252 sq.
[73]) Tenzelii vita Frieder. Adm. in Menck. S. G. T. II. pg. 925.
[74]) v. dipl. in Wilkii vita Ticemann. no 25. pg. 46.

In ben folgenden Jahren wird derselbe Burggraf noch in verschiedenen Urkunden des Landgrafen Dietrich gefunden. Von allen diesen ist der von dem Letzteren dem Kloster Dobrilug im Jahre 1289 ausgestellte Befreiungsbrief [75]) bemerkenswerth, in welchem unser Heinrich IV. ein Burggraf und Getreuer des Landgrafen genannt wird.

Viele haben daraus folgern wollen, als ob derselbe hiernach kein unmittelbarer Lehnsmann des deutschen Reichs gewesen sein könne. Die Burggrafen von Altenburg behielten aber, wie bereits erwähnt worden ist, ihre Reichsunmittelbarkeit auch unter den Mark- und Landgrafen bei, bis die Burggrafschaft mit dem letzten altenburgischen Burggrafen, Albrecht IV., im Jahre 1329 völlig erlosch.

Möge dem Verfasser gestattet sein, hier noch folgende Urkunden-Regeste anzuführen:

Heiso von Merseburg verkauft laut einer Urkunde vom Jahr 1287 an die Domherren Dietrich von Turgowe und Otto, genannt von Scorbuz, zwei Hufen in der wüsten Mark Kirstensdorf bei Schkopau, welche er von dem edeln Herrn Heinrich Burggraf von Altenburg (Aldenborch), genannt Zulis, (unserm Heinrich IV.), und der genannte edle Herr von dem Bischof und seiner Kirche in Lehn hatte.

Die Originalurkunde befindet sich in dem Stiftsarchiv von Merseburg.

Vergleiche die Mitth. der Geschichts- und Alterthumsforschenden Gesellschaft des Osterlandes zu Altenburg Bd. 5, S. 362.

Der Beiname Zulis ist eigenthümlich; denselben hat Schöttgen nicht, welcher in seinen kleinen Schriften S. 172 flg. diesen Heinrich IV. von 1280 bis 1291 aufführt. Dieser Beiname kommt aber auch noch in anderen Urkunden vor, wo dieser Heinrich IV. erwähnt ist. Bei dem Burggraf Dietrich II. von Altenburg ist Zulis ein bekannter Beiname. (Siehe Anm. 79.)

Burggraf Heinrich IV. bedachte das Marienkloster zu Altenburg, sowie das deutsche Ordenshaus vielfach mit Schenkungen, wie in den Jahren 1286, 1288, 1290. Nicht uninteressant ist eine Urkunde des Burggrafen Heinrich IV. vom Jahre 1290, durch welche er die von seinen Vorfahren dem Bergerkloster daselbst zugeeigneten Sieben Häuser in der Vorstadt Pauritz bestätigt. Siehe Urkunde Nr. XX² im Urkundenbuch.

In dieser Urkunde wird auch der Begräbnisse seiner Familie in der Capelle St. Catharinä gedacht; vergleiche damit Urkunde XXV.

Burggraf Heinrich IV. starb ohne Hinterlassung eines unmittelbaren männlichen Leibeserben [76]) in den ersten Monaten des

---

[75]) v. dipl. in Wilkii vita Ticemann. no. 58. pg. 80.
[76]) Burggraf Heinrich IV. hatte eine Tochter Heinrichs von Crimmitzschau zur Gemahlin, mit welcher er einen Sohn erzeugt gehabt hatte, der aber erst

Jahres 1291, weshalb die burggräfliche Würde, 'da seine beiden Brüder Dietrich ⁷⁷) und Heinrich schon vor seinem Tode in den deutschen Orden eingetreten waren, auf ihren Oheim Dietrich von Rochsberg (Rochsburg) überging, der als Burggraf von Altenburg unter der Bezeichnung

Dietrich II., Herr von Rochsburg,

bekannt ist. Die Geschichte dieses hervorragenden und auch von seinen Angehörigen ⁷⁸) hochgeachteten Burggrafen mit dem Beinamen Schuliz oder Szulis Zulis ⁷⁹) beginnt eigentlich erst mit seiner durch den König Rudolph von Habsburg gegen das Ende des Jahres 1289 — noch bei Lebzeiten des Burggrafen Hein-

---

nach seinem Tode zur Welt gekommen, auch bald darauf wieder mit Tode abgegangen zu sein scheint, da seiner in der Folgezeit nirgends weiter gedacht wird.
  In einer Urkunde Heinrichs, Voigts von Plauen und Landrichters von Pleißen, vom Jahre 1291 wird erwähnt, daß der Burggraf Heinrich (IV.) von Altenburg kurz vor deren Ausstellung (quarto Idus Aprilis) verstorben. cf. Wagners Collectaneen Bd. I. B. Nr. 15.
  ⁷⁷) Dietrich III. wird von Mehreren, wie von Liebe, als Burggraf bezeichnet, welcher Letzterer sogar behauptet, daß er zugleich mit seinem Oheim Dietrich II. Burggraf von Altenburg gewesen sei. Diese Ansicht beruht aber offenbar auf einem Irrthum, dagegen kommen beide Brüder, Dietrich (III.) und Heinrich (V.) öfters in Urkunden vor.
  So ertheilten dieselben im Jahre 1292 ihre Genehmigung zu der von Dietrich von Lyznigk an das Kloster Buch im Jahre 1291 gemachten Schenkung und begaben sich aller ihnen als Lehnsherren an den demselben geschenkten Gütern zugestandenen Rechte. Heinrich V. soll nach der anliegenden Erbsteinschen Stammtafel eine Tochter gehabt haben; der Verfasser muß jedoch solches in Zweifel stellen, einmal weil deren sonst nirgends Erwähnung geschieht, dann aber auch wegen seiner obengedachten Stellung. Dietrich III. wendete im Jahre 1297 viele Mühe und Sorgfalt auf die Verbesserung des Marien-Magdalenen-Klosters zu Altenburg, auch ertheilte er dem Kloster Buch im Jahre 1301 eine neue Bestätigung aller ehemals erhaltener Freiheiten. Diese Urkunde scheint eine der letzten Dietrichs III. gewesen zu sein, weshalb man annimmt, daß er bald darauf gestorben ist.
  Liebe a. a. O. I c. S. 539.
  Laut einer Urkunde vom 30. Mai 1299 überließ Derselbe seinen Vettern Albrecht und Dietrich alle seine Güter. S. Urkunde Nr. XXIV. im Urkundenbuch.
  ⁷⁸) Z. B. in einer von Dietrich III. von Altenburg über eine an das Kloster Buch im Jahre 1297 ertheilte Schenkung ausgestellten, von Liebe angeführten Urkunde gedenkt Derselbe seines Oheims Dietrichs II. sehr ehrerbietig mit den nachstehenden, seine Schenkung gewissermaßen rechtfertigenden Worten: „Cum consilio et consensu benevolo praedilecti nostri patrui, senioris Burggravii Theodorici de Altenburg in castro Rochsberg domini &c."
  Auch Burggraf Heinrich IV. befolgte in Vielem den Rath dieses Oheims.
  ⁷⁹) Was der Beiname Schuliz bedeutet, weiß man nicht.
  Schöttgen hat zwar in seiner Geschichte der Burggrafen von Altenburg die Meinung aufgestellt, als ob jener Beiname von einem dem Burggrafen Dietrich II gehörigen Landsitz Scholtz bei Altenburg herrühren könne, allein er ist den Beweis dieser Behauptung schuldig geblieben. Der Verfasser kennt keinen Ort, beziehentlich Landsitz dieses Namens, in der Nähe von Altenburg.

rich IV. — zu Erfurt vollzogenen förmlichen Beleihung mit dem Burgamt Altenburg, worüber die Nr. XX¹ im Urkundenbuche ersichtliche Urkunde das Nähere enthält.

In die Regierungszeit dieses Burggrafen fällt zunächst die durch den genannten König Rudolph ausgeführte Zurückforderung des den Landgrafen in Thüringen verpfändet gewesenen Reichslandes Pleißen [80]). Am 1. November 1290 reiste der Letztere zu diesem Zweck von Erfurt nach Altenburg, woselbst er den Markgraf Friedrich mit dessen Vater antraf.

Ersterer machte zwar allerhand Einwendungen gegen die von ihm geforderte Zurückgabe des Pleißnerlandes, mußte aber endlich mit der Versicherung sich begnügen, daß der König die ihm zugesagten 10,000 Mark Silbers noch bezahlen werde, deren Auszahlung aber bei dem bereits am 15. Juli 1291 eingetretenen Tode des Letzteren wahrscheinlich nie erfolgt ist.

Eine besondere Sorgfalt widmete König Rudolph während seines Aufenthalts zu Altenburg dem dortigen Marienkloster, welches damals etwas in Verfall gerathen war. Er bestätigte demselben am 10. November 1290 alle seine alten Freiheiten und Besitzungen und erneuerte dem Propste die Würde eines Capellans des römischen Königs, welche alle Vorfahren desselben durch königliche Gnade besessen hatten. Nach der darüber ausgefertigten Urkunde waren als Zeugen, resp. als Begleiter des Königs da-

---

[80]) König Rudolph von Habsburg, der bekannte Stifter des Hauses Oesterreich, wurde schon 1273 auf einem im Monat September dieses Jahres zu Frankfurt abgehaltenen Wahltag zum deutschen König gewählt und führte als solcher mit großer Energie die oberste Reichsgewalt bis an sein Ende fort.
Ob er nun gleich nicht wagte, das dem wettinischen Hause zugestandene Pfandbesitzrecht am Pleißnerlande sofort anzutasten, so suchte er doch den Besitz selbst dadurch zu untergraben, daß er der kaiserlichen Person, als quasi der Pfandgeberin, das darüber vorbehaltene oberherrliche und oberrichterliche, eben von dem Haus Wettin bis jetzt ausgeübte Recht vindicirte.
Deßhalb strebte er darnach, zunächst einen Anhang gegen die erwähnten Landgrafen sich zu verschaffen. Dies meinte er dadurch am besten zu erreichen, daß er im Jahre 1273 die drei Reichsstädte Altenburg, Chemnitz und Zwickau, als von dieser Verpfändung im Pleißnerlande ausgeschlossene Städte, erklärte, und sie autorisirte, eine Verbindung unter sich zur Behauptung ihrer Rechte und Freiheiten zu errichten, die keine Einmischung irgend welcher fremden Obergewalt in ihre allgemeinen Angelegenheiten dulden solle, eine Verbindung, welche indessen erst im Jahre 1282 unter kaiserlicher Autorität wirklich zu Stande gekommen ist. Eine weitere Folge hiervon war die Ernennung des Voigts Heinrich von Plauen zum pleißnischen Landrichter.
Das Pleißnerland gerieth nun freilich durch dieses Vorgehen des Königs Rudolph in nicht geringe Verwirrung, da auch die gedachten Landgrafen das ihnen an diesem Lande zustehende Nutzungsrecht gegen diese, nach ihrer Meinung usurpatorische kaiserliche Anmaßung zu behaupten suchten.
Habsburg oder die Habichtsburg (das Stammhaus der Kaiser von Oesterreich) ist ein altes Schloß auf dem Wülpelsberge, im Bezirk Brugg des Schweizercantons Aargau. Es soll 1020 von dem Grafen Rabod erbaut sein.

mals anwesend: Herzog Albrecht von Sachsen, Markgraf Otto von Brandenburg, Landgraf Albrecht von Thüringen und dessen Sohn Markgraf Friedrich von Meißen, die Bischöfe Bruno von Naumburg und Witego von Meißen, der Burggraf Friedrich von Nürnberg und der Voigt Heinrich zu Plauen [81]).

Obgleich Burggraf Dietrich II. bei den im Pleißnerlande, beziehentlich im deutschen Reiche, fortdauernden inneren Unruhen und Verwirrungen einen nicht unbedeutenden Schaden an seinen Gütern und Einkünften erlitten hatte [82]), so fuhr derselbe dennoch fort, sich gegen die Klöster zu Frankenhausen und Buch als ein freundlicher Beförderer zu erweisen, indem er dem ersteren 5 Mark Silbers an Zinsen zu Arnoldsdorf anwies, dem anderen im Jahre 1299 die Bestätigung über einen von Conrad von Kauffungen erkauften Ort Neuenhain ertheilte, den dieser von Burggraf Heinrich IV. von Altenburg gekauft hatte [83]).

In die Regierungszeit des Burggrafen Dietrich II. fällt noch eine andere nicht minder wichtige Epoche im Pleißnerland, deren der Verfasser ebenfalls gedenken muß.

Als König Rudolph verstorben war, verging fast ein volles Jahr, bevor die deutschen Fürsten zu einer neuen Königswahl sich vereinigt hatten. Am 10. Mai 1292 fiel diese auf den Graf Adolph von Nassau, einen als länder- und geldgierig bekannten Mann. Diesen mochte es wahrscheinlich nicht wenig schmeicheln, daß er als ein unbedeutender Graf des deutschen Reichs zu einer so hohen Würde empor gehoben wurde.

Bald nach seiner Ernennung verlobte er seinen Sohn Ruprecht mit der Tochter des Königs Wenzel von Böhmen, Namens Jutta, worauf er die derselben als Mitgift versprochenen 10,000 Mark Silbers sich sofort baar auszahlen ließ. Weil aber die Vermählung der beiden genannten Verlobten nicht sogleich vollzogen werden konnte, so setzte König Adolph dem König Wenzel die Provinz Pleißen nebst den Reichsstädten Altenburg, Chemnitz und Zwickau als Unterpfand für die vorausbezahlte Morgengabe aus [84]).

Desgleichen versprach derselbe dem König Eduard I. von England Hülfsvölker gegen Philipp den Schönen von Frankreich, wofür er 12,000 Mark Silbers baar sich voraus bezahlen ließ,

---

[81]) v. dipl. in Rudolphi Goth. dipl. Th. V. S. 201 und 202. Huth a. a. O. S. 116.
[82]) Liebe a. a. O. I. c. S. 537. Dieser gibt sogar an, daß Burggraf Dietrich die Stelle als Landrichter in Pleißen im Jahre 1291 verloren, an seiner Statt dagegen Voigt Heinrich von Plauen solche erhalten habe. Daß Letzterer im Jahre 1291 abermals zum pleißnischen Landrichter ernannt worden ist, beruht in Wahrheit, ob aber Burggraf Dietrich jene Stelle jemals bekleidet habe, davon ist dem Verfasser, außer eben wie gedacht von Liebe, nichts bekannt geworden.
[83]) Oppel a. a. O. S. 139 sq.
[84]) Noch vor dem Beilager starb die Prinzessin Jutta im Jahre 1297.

ohne wahrscheinlich jemals an die Erfüllung seines Versprechens zu denken.

Für dieses Geld kaufte er dem Landgraf Albrecht Thüringen nebst dessen Ansprüchen auf Meißen und Osterland ab [85]).

Fast alle thüringischen Vasallen verweigerten indessen dem König Adolph die Huldigung. Daher überfiel dieser im Jahre 1294 Thüringen mit einer Armee, aber man kann sagen mehr räuberischer Horden, als gebildeter Soldaten, brach hierauf gegen das Osterland auf und brachte einen Theil des Winters in Pleißen, vornehmlich in Altenburg, zu.

Markgraf Friedrich kam den thüringischen und meißnischen Landen zu Hülfe und schlug, unterstützt von seinem Bruder Dietzmann, den König bei Raspenburg [86]).

Letzterer ließ hierauf seinen Vetter, den Grafen Heinrich von Nassau, in das Osterland einrücken, allein die Markgrafen schlugen auch diesen total zwischen Borna und Pegau. Derselbe zog sich darauf mit dem Reste seiner Mannschaft nach Altenburg zurück, wo er die Winterquartiere bezog. Da aber die ihm vom König zugeschickte, in einem Corps Schwaben und Rheinländer unter der Anführung des Grafen von Oettingen bestandene Verstärkung für nicht ausreichend für eine erfolgreiche Fortführung des Krieges sich ergab, so sah er sich bald genöthigt, von den Landgrafen einen vierwöchigen Waffenstillstand nachzusuchen, den man ihm gewährte.

Inzwischen versuchte Graf Heinrich in Friedensunterhandlungen zu Altenburg mit dem Markgraf Friedrich zu treten, die aber ohne Erfolg blieben. Mit dem Anfang des Jahres 1296 erschien daher der König Adolph selbst im Pleißnerlande, um persönlich die Sache in die Hand zu nehmen.

Er suchte nun vor Allem die einzelnen Städte der Provinz Pleißen durch verschiedene Vergünstigungen für sich zu gewinnen, um sie, wie er glaubte, dadurch desto sicherer in ihrer Treue gegen ihn zu befestigen. Wir finden ihn zu diesem Zweck am 10. Februar 1296 in Chemnitz und am 2. März desselben Jahres in Altenburg, zu welcher Zeit er dem dasigen Augustinerkloster dessen Privilegien und Freiheiten bestätigte [87]).

---

[85]) Die Veranlassung zu dem fraglichen Verkauf war ein unglücklicher Krieg des Landgrafen Albrecht, der über die Erbschaft des ohne Erben am 16. August 1291 verstorbenen Markgrafen Friedrich von Landsberg zwischen ihm und seinen Söhnen Friedrich und Dietzmann entstanden war. Diese hatten sich wol dem wahrscheinlich aus Rachsucht vorgenommenen fraglichen Verkaufe widersetzt, allein ohne Erfolg.

[86]) v. Beust a. a. O. I. S. 73.

[87]) Diesem Kloster ist der König Adolph so freundlich gesinnt gewesen, daß, als er am 10. Mai 1296 wiederum in Altenburg verweilte, er die Verordnung erließ, daß jeder pleißnische Landrichter dasselbe in Zukunft, im Namen des Königs, gegen alle Beeinträchtigungen beschützen solle.
Huth a. a. O. S. 122.

Von Altenburg aus leitete er alsdann mehrere Monate lang den Krieg gegen Meißen [86]).

Gegen das Ende des Monats Mai desselben Jahres eilte derselbe über Eisenach und Frankfurt in die Gegenden des Rheins zurück, von woher er erst um Michaelis 1297 nach Meißen zurück kehrte. Inzwischen hatte sein Vetter Heinrich von Nassau, den er zum obersten Richter in Meißen und Pleißen ernannt hatte, die Stadt Borna erobert. Auch Freiberg fiel bald in die Hände Adolphs, der vierzig dortige edle Männer enthaupten ließ. Die übrigen Gefangenen entgingen nur dadurch einem gleichen Schicksal, daß Markgraf Friedrich die Stadt Meißen nebst anderen noch in seiner Gewalt befindlichen Plätzen demselben eilig abtrat, worauf der Letztere wieder in die Gegend des Rheins zog.

Markgraf Friedrich selbst irrte, aller seiner Länder beraubt, mit blos drei treuen Begleitern von den Seinigen durch das Erbe seiner Väter und erreichte endlich glücklich die böhmische Grenze. Seine äußere Noth war damals so groß, daß er oft die Milde seiner Unterthanen ansprechen mußte. Jedoch gelang es ihm bald, — wie man erzählt von freibergischer, durch reiche Bürger Freibergs ihm zur Verfügung gestellter Ausbeute aus dem dortigen Bergwerk — sich soviel Geldmittel zu verschaffen, um ein neues Heer anwerben zu können, mit welchem er, verstärkt durch Truppen

---

[86]) Huth gedenkt a. a. O. S. 122 auch jenes Vorfalls, dem zu Folge Markgraf Friedrich, angeblich im Jahre 1296, als er vom König Adolph auf das Schloß zu Altenburg zu einem Vergleich eingeladen und ihm freies und sicheres Geleite dabei zugesagt worden — nach seiner Rückkehr in sein Quartier, wie man vorgibt im schwarzen Bär am Markt, gerade als er die Abendmahlzeit eingenommen, meuchelmörderisch von einem schwäbischen Soldat überfallen worden sei, wobei er durch einen Bürger. Einige geben an einen freibergischen. Andere einen altenburgischen, mittelst Vorhaltens der Hand, die dieser dabei verlor, gerettet worden sei, worauf der Markgraf mit Hülfe des Gastwirths unter dem Schutze der Nacht und in Verkleidung nach Pegau entflohen sei.

Diese Erzählung wird sehr verschieden mitgetheilt. Vergl. außer Huth v. Benst a. a. O. I. S. 78 ff.; Mitth. a. a. O. I. S. 26 ff.

Es ist Nachstehendes nicht constatirt:
1) ob der fragliche Vorfall auf Anstiften des Königs Adolph im Jahre 1296, oder später, etwa im Jahre 1306 unter dem König Albrecht, geschehen sei;
2) ist nicht constatirt, ob dieser Vorfall im schwarzen Bär am Markt zu Altenburg, oder an einem anderen Ort sich ereignet habe, auch steht nicht fest
3) von wem der Markgraf Friedrich damals gerettet worden ist.

Meyner z. B. (in seinem Entw einer Gesch. des Fürstenthum Altenb. v. J. 1789, S. 41) nennt einen altenburgischen Bürger Michael Kornschreiber als den Retter des Markgrafen.

Jedenfalls gründet sich aber das fragliche Ereigniß, welches auf dem Schloß zu Altenburg in einem Gemälde dargestellt ist, auf ein wirkliches Factum. Sehr Viele nehmen daher das Jahr 1296, als König Adolph in Altenburg verweilte, als die Zeit des fraglichen Vorfalls an — abgesehen davon, ob er der Anstifter des erwähnten Meuchelmordes gewesen ist, — was als sehr unwahrscheinlich erscheint.

seines in der Lausitz weilenden Bruders Dietrich, auf weiten Umwegen über die böhmischen Gebirge nach Meißen zog, Rochlitz eroberte und den Graf Heinrich von Nassau, welcher von Oschatz her gegen ihn in Anmarsch war, gefangen nahm. Das Schloß Lichtewalde und die Städte Döbeln, Geithain und Borna mußte derselbe zurück geben, während Belgern und Torgau selbst bald darauf der Waffengewalt ihres rechtmäßigen Landesherrn erlagen.

Als darauf König Adolph in einem am 2. Juli 1298 stattgefundenen Treffen geblieben war, gelangten beide genannte Markgrafen wieder zur Herrschaft von Meißen und Thüringen, mit Ausnahme der Städte Meißen, Freiberg und einiger anderer Orte [89]).

Fast scheint es, als wenn König Adolph, der mehrere deutsche Fürsten durch sein gewaltsames Auftreten gegen sich eingenommen haben mußte, auf deren Antrieb schon vorher förmlich abgesetzt worden sei. Als neuer Kandidat für die deutsche Königswürde trat im Jahre 1298 Albrecht von Oesterreich auf. Von ihm, als einem sehr vermögenden Manne, wird erzählt, daß er verschiedene Wahlstimmen sich zu erkaufen gewußt habe. So habe er gegen den König Wenzel von Böhmen unter der Bedingung, daß dieser bei der fraglichen Königswahl ihm seine Stimme ertheilen würde, nicht nur zu einer Schuldverschreibung von 50,000 Mark Silbers sich anheischig gemacht, sondern auch die Reichslande Eger und Pleißen nebst den darin gelegenen Städten und Schlössern, darunter auch Altenburg, ihm zu verpfänden versprochen [90]). Albrecht von Oesterreich ward wirklich deutscher König und wurde am 24. August 1298 zu Aachen gekrönt. Am 6. September 1298 erschien König Wenzel als königlicher Generalvikar in Meißen, Osterland und Pleißen und ließ sich von den dortigen Ständen huldigen, wobei er das Versprechen ablegte, sämmtliche Unterthanen bei ihren hergebrachten Rechten und Freiheiten zu beschützen [91]).

Diese Statthalterschaft Wenzels dauerte bis 1304, in welchem Jahre König Albrecht das Pleißnerland nebst der übrigen Pfandschaft wieder einlöste. In Meißen und Freiberg verblieben die königlichen Besatzungen, während in Pleißen Friedrich von Schönburg von König Wenzel zu derselben Zeit als Landrichter eingesetzt wurde.

Ungeachtet dieser Verpfändung verblieb das Pleißnerland unter königlicher Landeshoheit und Botmäßigkeit, sowie Altenburg eine Reichsstadt.

Der Verfasser kehrt nun noch ein Mal zu dem Burggraf Dietrich zurück. Letzterer zeigte sich, wie seine Vorfahren, sehr

---

[89]) Am 18. April 1293 vereinigten sich die beiden fürstlichen Brüder, Friedrich und Dietrich, in der Stadt Pegau zu einer schiedsrichterlichen Entscheidung über alle ihre Irrungen, wie das Nähere in der Urkunde Nr. XXII im Urkundenbuch zu ersehen ist.
[90]) Ludwig a. a. O. Th. V. S. 442 sq. Meyner Entw. rc. S. 43.
[91]) Wille, cod. dipl. N. CVI.

freigebig gegen das hiesige Marienkloster, bestätigte 1301 die von denselben zu verschiedenen Zeiten ertheilten Begnadigungen und vermehrte dessen Einkünfte durch 1½ Hufe zu Rothn und durch einen Garten zu Porbiz, den Hermann von Ziegelheim und nach diesem der Münzmeister Heinrich zu Altenburg als ein burggräfliches Lehn besessen hatten. In diese Bestätigung des Burggrafen Dietrich willigte dessen ältester Sohn Albrecht (IV.) für sich und seinen damals abwesenden Bruder Dietrich (IV.) und unterschrieb, zugleich im Namen des letzteren, die von ihrem Vater darüber ausgefertigte Urkunde ⁹²).

Durch diese und viele andere den Ordensbrüdern und geistlichen Stiftungen ertheilten Begnadigungen glaubte Burggraf Dietrich nach dem damals herrschenden Aberglauben sich und den Seinigen den Weg zum Himmel zu bahnen. Er starb im Jahre 1301 in einem hohen Alter mit Hinterlassung der beiden vorgenannten Söhne, von denen der älteste,

Albrecht IV.,

ihm in der burggräflichen Würde — noch unter dem König Albrecht — nachfolgte.

Bald nach seinem Amtsantritt im Jahre 1301 gab er im Einverständniß mit seinem Vetter Dietrich III. dem Kloster zu Chemnitz 6 Mark Silbers an jährlichen Zinsen zu eigen und verordnete zugleich, daß der jedesmalige Abt dieses Klosters diese Zinsen von Penig und Rochsberg erheben solle ⁹³).

In demselben Jahre eignete er dem Marienkloster in Altenburg zwei Hufen und drei Acker in dem Dorfe Rothn, welche die altenburgischen Bürger Ritter Johann von Remse und Heinrich von Chemnitz von ihnen, den Burggrafen, in Lehn gehabt hatten, und bestätigte außerdem dem gedachten Kloster alle ihm von seinen Vorfahren ertheilten Privilegien ⁹⁴).

Auch bekennt Ebenderselbe im Jahre 1301, daß der Bürger Heinrich Clipeator zu Altenburg dem Bergerkloster daselbst eine Hufe in den Grenzen des verlassenen Dorfes Spruchin mit einem Hofe zu Romschütz geeignet habe.

(cf. Wagners Collect. Bd. VI. Nr. 158. S. 334.)

Im Jahre 1303 eignet derselbe dem Bergerkloster ein Lehn bei Oberleupten. (Wagner a. a. O. Nr. 160. S. 338.)

Eodem bekennt Derselbe, daß Gerhard und Reynold genannt von Lubelwitz 1½ Hufe im Dorfe Röthenitz an das Bergerkloster zu Altenburg verkauft habe. (Wagner a. a. O. Nr. 161. S. 339.)

Im Jahre 1304 übergab derselbe dem Kloster Bosau einige Getraidezinsen zu Budowil als einen Theil des altenburgischen

---

⁹²) Mende a. a. O. III. p. 1184. Albrecht IV. nennt sich in dieser Urkunde Albrecht dictus de Rochsberg.
⁹³) Mende a. a. O. III. p. 899.
⁹⁴) S. Nr. XXV. im Urkundenbuch.

Burgkorns⁹⁵). In dem darauf folgenden Jahre (1305) ertheilte er demselben Kloster die Fisch- und Fahr-Gerechtigkeit zu Töpeln, welche Hermann von Staupitz vorher in Lehn gehabt, ihm aber zu jenem Zweck aufgelassen hatte, sowie am 30. November desselben Jahres das Burgkorn in Kröbern⁹⁶).

Im Jahre 1306 ward Albrecht von Hohenlohe als Nachfolger Friedrichs von Schönburg von dem König Albrecht als Landrichter in Pleißen bestellt. Diese Provinz war zu jener Zeit vielfach den Angriffen der beiden Markgrafen Friedrich und Dietzmann ausgesetzt. Ihre mit dem König gepflogenen Friedensunterhandlungen waren zwar völlig gescheitert, allein der Letztere besaß damals nicht die Macht, seine vermeintlichen Ansprüche auf Meißen und Thüringen mit Energie gegen sie geltend zu machen.

In dieser üblen Lage erneuerten die drei Reichsstädte Altenburg, Chemnitz und Zwickau am 23. Januar 1306 ihr altes Schutzbündniß vom Jahre 1282, in welches sie Friedrich den Jüngern von Schönburg mit dem Versprechen gegenseitiger Hülfsleistung aufnahmen.

Die bezüglichen Unterhandlungen, welche die Erneuerung des fraglichen Bundes bezweckten, wurden durch den Burggraf Albrecht IV. von Altenburg, Anarch von Waldenburg und Konrad von Trützler geführt⁹⁷).

Schon am 1. August 1306 hatte der König von neuem den Krieg gegen die Markgrafen Friedrich und Dietrich beschlossen, allein der Tod des kinderlosen Königs Wenzel von Böhmen hatte den Ausbruch desselben fast ein Jahr lang verzögert. Als er aber seine Absichten in Böhmen für hinlänglich gesichert hielt, richtete er im Monat Mai des Jahres 1307 ein ernstes Absehen auf Thüringen.

Inzwischen hatten auch die beiden Markgrafen, welche in Leipzig sich aufhielten, ihre Truppen aus Thüringen, Meißen und dem Osterland zusammengezogen.

Am 31. Mai 1307 kam es bei Lucka zu einer entscheidenden Schlacht, in welcher zwar anfangs mit gleichem Glück auf beiden Seiten gefochten worden, wobei aber endlich der Sieg nach fünfstündigem Kampfe den beiden Landgrafen verblieben war⁹⁸).

---

⁹⁵) v. pöpl. in Leukfelds Beschreibung des Klosters Bosau S. 33.
⁹⁶) Schöttgen a. a. O. I. §. 13. pag. 12.
⁹⁷) Klotzsch ꝛc. a. a. O. I. Seite 300.
⁹⁸) Fünf Tausend Schwaben von kaiserlicher Seite, zum Theil aus sehr edlem Geschlecht, lagen todt auf der Wahl- oder Streitstatt, wie der ½ Stunde vor der Stadt Lucka nach Pegau zu gelegene Ort noch heute genannt wird, wo die fragliche Schlacht vorgefallen ist.
Die Letztere war für den Landgraf Friedrich entscheidend hinsichtlich des Besitzes von Meißen, Thüringen und dem Osterland.
Meyner Entw ꝛc. Seite 48 sq.
Huth a. a. O. S. 131.
v. Beust a. a. O. I. S. 82.

Die Landgrafen verfolgten darauf ihren Sieg, rückten vor Freiberg und eroberten diese Stadt mit Sturm. Der König that gleichwol noch einen Einfall in das Thüringische, sah sich aber durch den in Böhmen bald darauf erfolgten Tod seines Sohnes Rudolph genöthigt, dorthin zu eilen.

Er beabsichtigte nun zwar, den Böhmen seinen zweiten Sohn Friedrich zum König aufzubringen, allein sein Versuch mißlang, worauf er alsbald von neuem seine feindlichen Absichten wider die Markgrafen richtete. Noch zu Ende des Jahres 1307 fand er sich wieder in Person im Pleißnerlande ein, wo er aus seinem Lager bei Regis am 10. November dem altenburgischen Augustinerconvente alle demselben unter seiner Regierung zu Theil gewordenen Güter bestätigte. Bald darauf scheint er — wol am meisten durch den Verlust aller seiner früheren Eroberungen dazu veranlaßt — einen förmlichen Frieden mit den meißnischen Markgrafen abgeschlossen zu haben.

Markgraf Friedrich blieb den Winter über in Freiberg, während Markgraf Dietrich zu seinem Unglück nach Leipzig zurückkehrte. Als dieser am ersten Weihnachtstage desselben Jahres früh in der finstern Mette betend vor dem Altare der St. Thomaskirche in Leipzig lag, brachte ein Meuchelmörder ihm eine tödtliche Wunde bei, an welcher er drei Tage darauf in einem Alter von 47 Jahren starb [99]). Markgraf Friedrich rächte das Blut seines Bruders alsbald mit eigner Hand an dem vermeintlichen Anstifter des erwähnten Meuchelmords, indem er ihn in einem Zweikampf bei einem Anfangs des Jahres 1308 zwischen Borna und Freiberg stattgefundenen Gefecht erstach.

Nach dem Tode des Anführers waren die königlichen Truppen ohne Besonnenheit eilig nach Altenburg zurückgekehrt, Markgraf Friedrich aber, der ihnen auf den Fersen gefolgt war, begann die Stadt zu belagern.

Das Schloß leistete einen langen und harten Widerstand, bis es endlich ebenso, wie die Stadt, durch eine von dem Markgraf angewandte List in dessen Hände gerieth [100]). Hierauf ergab sich ganz Pleißen demselben, und Chemnitz und Zwickau, wahrscheinlich aus Furcht, ein ähnliches Schicksal wie Altenburg zu erleiden, erwählten ihn am 11. Juni 1308, da Albrecht von Oesterreich be-

---

[99]) Markgraf Dietrich der Jüngere hatte aus der Ehe mit seiner Gemahlin Jutta, einer Tochter des Grafen Berthold von Henneberg, keine Kinder, und es fielen daher bei seinem Tode seine sämmtlichen Besitzungen, mit Ausnahme der Lausitz, die er schon gegen das Ende des Jahres 1303 an den Markgraf Hermann von Brandenburg verkauft hatte, seinem Bruder Friedrich anheim.

Markgraf Dietrich liegt in der Paulinerkirche zu Leipzig begraben.

[100]) Markgraf Friedrich ließ ein strenges Gericht über die Stadt Altenburg ergehen, wobei viele wackere, durch Reichthum oder durch besonderen Einfluß hervorragende Männer ihre Güter verloren.

v. Beust a. a. O. I. S. 83.

reits am 1. Mai desselben Jahres verstorben war, freiwillig zu ihrem Schutz- und Schirmherrn so lange, bis ein neuer König die deutsche Krone empfangen haben würde [101]).

Von dieser Zeit an betrachtete Markgraf Friedrich sich förmlich als einen Herrn von Pleißen [102]) und führte diesen Titel schon am 24. Juni 1308, als er zu Altenburg dem Kloster Buch seine Besitzungen bestätigte, unter welchen auch die Mühle zu Löbla begriffen war.

In diesem Jahre 1308 eignete Burggraf Albrecht von Altenburg dem Bergerkloster daselbst zwei Hufen mit Höfen im Dorfe und der Flur Kruwitz.
(cf. Wagners Collect. Bd. VI. Nr. 151. Seite 325.)

Der als Nachfolger Albrechts von Oesterreich am 27. November 1308 zum deutschen König erwählte Heinrich (VII.), Graf von Luxemburg, gab nun zwar dem Markgraf Friedrich dem Freudigen die Belehnung über Thüringen und Meißen, dessenungeachtet aber wurden Pleißen und Altenburg zur Zeit immer noch als Reichsgüter betrachtet.

Am 1. April 1311 war endlich folgender Vergleich zu Prag zu Stande gekommen:

König Johann von Böhmen, der Sohn Heinrichs VII., während seines Vaters Abwesenheit Reichsverweser in Deutschland, überließ dem Markgraf Friedrich die Provinz Pleißen nebst den Städten Altenburg, Chemnitz und Zwickau auf zehn Jahre zu vollem Besitz mit allen Hoheitsrechten, welche früher dem König darüber zugestanden hatten, dagegen sollte der Letztere nach Verlauf dieser Zeit dem Markgraf 2000 Mark Silbers bezahlen und die abgetretenen Besitzungen zurück erhalten. Die Wiedereinlösung ist indessen wol nie erfolgt.

Markgraf Friedrich trat die böhmische Stadt Luna dem König Johann ab, die ihm früher gegen eine gleiche Summe verpfändet worden war. Dieses friedliche Verhältniß war jedoch nur von kurzer Dauer. Dem Markgraf Friedrich mochte wahrscheinlich nichts an einem blos temporären Besitz der Herrschaft Pleißen gelegen sein, er wünschte vielmehr das letztere als einen Schadenersatz für die gegen die vorigen Könige des deutschen Reichs geführten Kriege für immer mit seinem Hause zu vereinigen. Ehe jedoch der Kampf von neuem losbrach, trat der plötzliche Tod Heinrichs VII. vermittelnd zwischen die streitenden Parteien. Dieser starb am 24. August 1313 zu Siena, nachdem er vorher zu Mai-

---

[101]) Wille, cod. diplom. N. CIXIV. Tentzel, vita Frider. Adm. ap. Mck. II. p. 954.

[102]) Markgraf Friedrich führte vormals den Titel eines Herrn von Pleißen als Pfandinhaber, jetzt als Eroberer, jedoch behielt das Pleißnerland auch jetzt noch seine Reichsstandschaft fort, bis das Reich selbst sich von ihm lossagte.

land als König der Lombarden und zu Rom als römischer Kaiser gekrönt worden war.

Fast zu der nämlichen Zeit war Markgraf Friedrich von einem andern gefährlichen Feind bedroht gewesen. Der Markgraf Waldemar von Brandenburg hatte nämlich im Jahre 1312 sein Absehen auf den Besitz der Lausitz gerichtet und war deshalb in das Meißner- und Osterland eingefallen. Es war zu einer wirklichen Schlacht gekommen, in welcher Friedrich gefangen worden war.

Um seine Loslassung zu erkaufen, mußte er am 13. April 1312 unter mehreren harten Bedingungen auch diese eingehen, daß er seine Tochter Elisabeth dem Schwestersohne des Markgrafen Waldemar, dem Grafen Albrecht von Anhalt-Köthen, zur Gemahlin versprechen und, anstatt der Aussteuer für dieselbe, seine Pfandansprüche auf das Pleißnerland ihm abzutreten geloben mußte.

Die pleißnischen Voigte weigerten sich aber, dem Grafen von Köthen das Pleißnerland auf den ihnen vom Markgraf Friedrich zugegangenen schriftlichen Befehl zu übergeben, und erwiederten, daß sie einen solchen nur respectiren könnten, wenn sie ihn aus dem Munde ihres rechtmäßigen Herrn vernehmen würden. Markgraf Waldemar entschloß sich daher, den gefangenen Markgraf mit einer Bedeckung von 200 Reitern unter Anführung des Grafen von Köthen nach Pleißen zu schicken, damit dieser selbst den dortigen Voigten seinen Willen kund thun könne.

Diese hatten inzwischen aber ihre Leute aufgeboten, sich durch Freunde aus Böhmen und dem Voigtland verstärkt und erwarteten bei Altendorf, einem nahe bei Altenburg gelegenen Dorfe, in einem Hinterhalt die Ankunft des Grafen. Dieser wurde darauf mit seinen 200 Reitern überfallen, gefangen genommen und nach Altenburg geführt, während der Markgraf Friedrich wieder in Freiheit gesetzt wurde. Dieser ließ sich nun vom Graf von Köthen nicht nur seine Tochter zurück geben, sondern forderte auch sämmtliche bereits ausgelieferte Städte des Osterlandes von demselben als Lösegeld zurück, auch schenkte er ihm nicht eher die Freiheit wieder, als bis er alle Bedingungen erfüllt hatte. Der Graf mußte sich sogar vor seiner Entlassung eidlich verpflichten, ein thätiger Vermittler des Friedens zwischen ihm und dem Markgraf Waldemar zu sein [103].

Markgraf Friedrich blieb nach dem Tode des Königs Heinrich VII. (Letzterer starb, wie bereits erwähnt worden ist, im

---

[103] Siehe Joh. Rothe Chron. Thur. p. 1779 sq. Chron. Sampetr. p. 323 sq. Hist. de Landgr. Thür. p. 1340. Von einigen sächsischen Geschichtsschreibern wird obige Erzählung freilich in Zweifel gezogen, jedoch man weiß nicht recht, weshalb.

Der fragliche Vorfall ereignete sich gegen das Ende des Frühjahrs 1312. Ungeachtet der Befreiung des Markgrafen Friedrich, blieb Meißen noch längere Zeit in der Gewalt des Markgrafen von Brandenburg, und erst im Monat Juni 1317 gelangte der Erstere wieder zum vollen Besitz seiner Länder.

Monat August 1313) gegen 3 Jahre lang unangefochten im Besitz der Herrschaft Pleißen und der Stadt Altenburg. Letztere mochte ihm dadurch noch besonders lieb und werth geworden sein, daß er auf ihrem Grund und Boden aus einer harten Gefangenschaft befreit worden war.

Wenige Wochen nach diesem glücklichen Ereigniß, am 9. August 1312, ertheilte er daher den Bürgern der Stadt Altenburg einen Brief, in welchem er sie seiner besondern Gnade versicherte und versprach, alles Schadens zu vergessen, den sie ihm in früherer Zeit zugefügt hatten. Dagegen gab die Bürgerschaft ihm das Versprechen, ihm jährlich zwei Hundert Mark Silbers, halb zu Walpurgis und halb zu Michaelis, als Abgabe zu entrichten; im Uebrigen blieben die Bürger bei ihren alten Freiheiten und Rechten [104]).

Der von einem Theile der deutschen Fürsten am 20. October 1314 zu Sachsenhausen gegen Friedrich den Schönen von Oesterreich erwählte und zu Aachen gekrönte neue König Ludwig der Baier mochte indessen die Art, wie Markgraf Friedrich in Pleißen sich gerirte, als einen Eingriff in seine königlichen Hoheitsrechte halten, denn im Frühjahre 1316 unternahm derselbe einen Zug nach Thüringen und belagerte die Wartburg als die landgräflich thüringische Residenz.

Zu gleicher Zeit, am 8. April, verordnete er von seinem Lager vor der Wartburg aus die Voigte Heinrich den Aelteren und Heinrich den Jüngern von Plauen, sowie Heinrich von Gera, zu Provinzrichtern über Pleißen und die Reichsstädte Altenburg, Chemnitz und Zwickau, in denen Recht und Rechtspflege seit langer Zeit sehr darnieder gelegen hatten, und befahl zugleich den Bürgern dieser Städte, sowie den Bewohnern des ganzen Pleißnerlandes, den genannten Voigten in Allem unterthan zu sein, während er den Letzteren das Versprechen gab, daß er jeden Schaden, den sie bei diesem Auftrage oder sonst im Dienste des Reichs erleiden würden, ihnen reichlich ersetzen werde [105]). Allein der König Lud-

---

[104]) v. Beust a. a. O. I. S. 88 ff. Huth a. a. O. S. 154.
Besondere Anhänglichkeit an den Markgraf Friedrich den Freudigen bewies namentlich das Marienkloster zu Altenburg.
Aus Erkenntlichkeit dafür erhielt es am 3. December 1315 alle Zinsen bestätigt, die es aus der landgräflichen Münze zu Altenburg bezog. Der Propst des Klosters empfing jährlich zwei Pfund (gegen 13 Thaler), eins für den Dienst am Altare des heiligen Gallus in der Nikolaikirche, und eins für die Frühmesse in der Bartholomäikirche. Zwei andere Pfund erhielt derselbe für die Frühmesse in der Bartholomäikirche; zwei andere für die Gedächtnißfeier des Münzmeisters Heinrich und dessen Gemahlin Jutta; zwei dergleichen für die Gedächtnißfeier des Münzmeisters Berthold und seines Sohnes Heinrich.
Die betreffende Urkunde, die in Liebe's Nachlese Seite 37 sich vorfindet, ist von Ulrich, Bischof zu Naumburg, dem landgräflichen Hofprotonotar Walther, dem Hofmarschall Hermann Goldacker und den Burgmännern Ludwig Stange, Heinrich von Knau, Heinrich von Studenschen unterschrieben.
[105]) S. Huth a. a. O. S. 157.

wig selbst mußte bald darauf unberrichteter Sache von der Wartburg wieder abziehen, weil die Eßlinger, die von Friedrich dem Schönen hart bedrängt wurden, ihn nach Schwaben riefen, aber auch die zu Provinzrichtern verordneten drei Voigte sind nie nach Pleißen gekommen, weil Ludwig sie nicht unterstützen konnte.

Ganz Thüringen und Meißen waren durch die beständigen Kriege der letzten Jahre in hohem Grade erschöpft. Ackerbau und Gewerbe aller Art hatten darnieder gelegen, und was die Räubereien zügelloser Soldaten noch übrig gelassen hatten, riß ein gieriger Raubadel vollends an sich. Zu Allen dem fand in dem Jahre 1315 ein solcher Mißwachs aller Früchte Statt, daß die Getraidepreise ins Ungeheure stiegen und viele Tausend Menschen kläglich vor Hunger umkamen [106]).

Markgraf Friedrich nahm lebhaften Antheil an dem Mißgeschick seiner Unterthanen und suchte dasselbe soviel wie möglich zu lindern, auch Dasjenige wieder herzustellen, was durch den Krieg beschädigt worden war.

Burggraf Albrecht IV. hielt sich oft an dem Hofe desselben auf und war von ihm als ein kluger und verständiger Mann so hoch geachtet, daß er nicht allein seine Rathschläge annahm, sondern ihm auch bei vielen innerlichen Unruhen die Ausführung derselben überließ. Eine geschickte Probe hiervon legte er in den zwischen dem Bischof Wittigo II. von Meißen und dem gedachten Markgraf entstandenen Streitigkeiten ab, hinsichtlich derer es ihm in Gemeinschaft mit dem Burggraf Heinrich von Naumburg und dem Grafen Heinrich von Schwarzburg gelang, beide Theile dahin zu vergleichen, daß die Stadt Dresden an den Markgraf Friedrich überlassen wurde, dieser aber dagegen dem gedachten Bischof und dem Capitel zu Meißen tausend Schock großer Pfennige als ein dafür verwilligtes Kaufgeld auszahlen mußte [107]).

Markgraf Friedrich ließ den Raubrittern in Pleißen und im Osterlande im Jahre 1321 seinen Zorn dadurch fühlen, daß er einige ihrer Schlösser zerstören ließ, andere dagegen einzog und sie zu seinen Kammergütern schlug.

Kurz darauf gerieth derselbe in einen traurigen Gemüthszustand, aus dem er erst durch seinen am 16. November 1324 erfolgten Tod erlöst wurde.

Burggraf Albrecht folgte nach dessen Ableben dem Hoflager seines Sohnes und Nachfolgers in der Markgrafschaft Meißen, des Markgrafen Friedrich des Ernsthaften, bei welchem er ein gleiches Vertrauen wie bei dessen Vater besaß.

Burggraf Albrecht IV. starb, wie bekannt ist, im Jahre 1329, und mit ihm erlosch eigentlich die Burggrafschaft Altenburg, wie

---

[106]) v. Beust a. a. O. I. S. 90. Die Hungersnoth war so groß, daß die Leute gefallene Pferde und Hunde verzehrten und Menschen sogar ermordeten und anfraßen.
Ein Loth Brod wurde in Altenburg mit einem alten Groschen bezahlt.
[107]) Oppel a. a. O. S. 144.

sie bisher bestanden hatte. Ueber deren weitere Schicksale wird später die Rede sein.

Aus dem Jahre 1313 ist eine urkundliche Nachricht noch nachträglich mitzutheilen, die auf ebengenannten Burggraf sich bezieht.

Bischof Heinrich von Merseburg genehmigt laut einer Urkunde v. J. 1313, daß das Kloster zu Chemnitz eine Propstei in Penig errichte, und zwar mit Bewilligung des edeln Herrn Albert, Burggraf zu Altenburg, welcher das Präsentationsrecht in der Kirche zu Penig besaß und dem Kloster Chemnitz schenkte.

Der Burggraf hängte zum Zeichen seiner Schenkung und Zustimmung sein Siegel mit an die Urkunde. III. Id. Julii 1313. Dat. et act. Mersburg.

(Vergl. Mitth. a. a. O. Bd. V. S. 364.)

Burggraf Albrecht IV. hatte aus der Ehe mit seiner vor ihm verstorbenen Gemahlin Swinka eine einzige Tochter, Namens Elisabeth, welche an den Burggraf Otto von Leißnig vermählt war. Auf diese gingen nach dem Tode ihres Vaters alle demselben gehörigen Erbgüter über, die sie darauf mit den Gütern ihres Gemahls vereinigte und dadurch den Landen der Burggrafen von Leißnig auf immer einverleibte [108]).

---

[108]) Man hat vielfach versucht, die altenburgischen Burggrafen von den Burggrafen von Leißnig abzuleiten, vergl. Huth a. a. O. S. 207. Tittmann a. a. O. I. S. 41. Mitth. a. a. O. V S. 96; allein diese angebliche Stammverwandtschaft muß zur Zeit noch sehr in Zweifel gezogen werden, um so mehr, als die Geschichte dieser Burggrafschaft, so innig sie eigentlich mit der Geschichte Sachsens und des Pleißnerlandes verwebt ist, dennoch bis jetzt — bis auf einige Versuche — für völlig unbearbeitet gelten muß.

Der Umstand aber, daß die Burggrafen von Leißnig die burggräflichen altenburgischen Besitzungen, namentlich Penig und Rochsburg, nach dem Tode des Burggrafen Albrecht IV. von Altenburg geerbt haben, erklärt sich vielleicht am besten aus der von Kaiser Ludwig und Landgraf Friedrich im Jahre 1323 vollzogenen Gesammtbelehnung des Burggrafen Albrecht IV. von Altenburg und dessen Schwiegersohnes Otto von Leißnig mit denselben, durch welche erst möglicher Weise ein sonst nicht bestandenes Erbrecht geschaffen worden ist.

Das Nähere darüber findet man in den bezüglichen Urkunden Nr. XXVI. und XXVII. im Urkundenbuch.

Nach einer anderen Urkunde von demselben Jahre de dato Wartburg den 5. October 1323 (Nr. XXVIII. im Urkundenbuch) beurkundet Landgraf Friedrich, daß die Burggrafen Albert von Altenburg und Otto von Leißnig gewisse Abentrichtungen zu Leipzig, Freiberg und Großenhain ihm abgetreten, und er dagegen ihnen Lauterstein, das Städtchen Zöblitz und das Dorf Schlettau mit allen Zubehörungen gegeben habe.

Wir erfahren zugleich daraus, daß die beiden genannten Burggrafen vor dieser Abtretung Nachstehendes für sich bezogen hatten, nämlich: den dritten Pfennig aus dem Gericht zu Leipzig, zehn Mark Goldes in der Münze zu Freiberg, zwanzig Mark dergl. in dem Geleite daselbst und zehn Mark dergl. in dem Zoll zu Hain. Hier möchte wol der passende Ort sein, auch noch auf zwei andere, in Nr. XXX. und XXXI. im Urkundenbuch mitgetheilte Urkunden aufmerksam zu machen.

Laut der einen, gegeben zu Gotha den 9. Januar 1324, weist der Landgraf Friedrich an Burggraf Albrecht von Altenburg und Otto von Bergowe

Bevor der Verfasser auf den fünften Abschnitt übergeht, glaubt er des letzten ausgezeichneten Sprößlings aus dem Geschlecht der Burggrafen von Altenburg,

des edeln Hoch- und Teutschmeisters

Dietrich von Altenburg,

mit einigen Worten noch gedenken zu müssen [109]).

Er war, wie bereits erwähnt worden ist, ein Sohn des Burggrafen Dietrich II. von Altenburg und war im Jahre 1255 geboren. Zwischen den Jahren 1298 und 1300 als Ritter in den deutschen Orden eingetreten, hatte er als Komthur und Gebietiger in mehreren Ordenshäusern durch kriegerische Tapferkeit und Kühnheit in den Kämpfen mit den heidnischen Lithauern und im Kriege mit Polen sich hervorgethan, auch hatte er eine nicht gewöhnliche Erfahrung und Kenntniß der Weltverhältnisse in dem vielfachen Wechsel seines Lebens sich gesammelt.

Schon im Jahre 1307 stritt er zu Ragnit als Ritterbruder des Convents mit Auszeichnung gegen die Lithauer, die er im Jahre 1316 zwang, ihm ihre Festung Bisene zu überlassen.

Wenige Jahre darauf wurde er zum Komthur von Balga ernannt, in welcher Würde er die Stadt Leunenburg in Preußen anlegte und sie mit Einwohnern besetzte.

Nach dem um 1330 erfolgten Tode des Hochmeisters Werner von Orsela wurde Dietrich zum obersten Marschall des deutschen Ritterordens erhoben, als welcher er den zwischen den Rittern dieses Ordens und der Krone Polen entstandenen Krieg (zuerst unter dem polnischen König Ladislaus Loktikus, später unter dem König Casimir von Polen) mit großer Umsicht führte. Ihm verdankte das Ordenshaupthaus Marienburg seine stärkere Befestigung, welche zum Schutz gegen äußere feindliche Angriffe, namentlich der Polen, von ihm für nöthig befunden worden war [110]).

---

den Aelteren alle zu Finsterwalde sitzende und gehörige Leute, Geistliche, Ritter, Rittermäßige, Kaufleute und Bauern; laut der anderen, gegeben zu Gotha den 25. Juli 1324, beleiht derselbe Landgraf Friedrich den genannten Burggraf und dessen Schwiegersohn, Otto von Leißnig, mit der Stadt Waldheim, allen dazu gehörigen Dörfern, Gütern und übrigem Zubehör.

[109]) Siehe über den Hochmeister Dietrich von Altenburg Geschichte Preußens von Johannes Voigt, Bd. IV., die Zeit von 1283—1341 umfassend; desgl. von Caspar Schütz; Chronik Preußens von Peter von Dusburg; Huth a. a. O. S. 228 ff.; Oppel a. a. O. S. 158 ff.

In der Geschichte von Schütz ist ein vom Hochmeister Dietrich im Jahre 1341 ertheiltes Decret enthalten, durch welches derselbe eine zwischen den Städten Danzig und Elbing seit längerer Zeit wegen des Schiffszolls bestandene Streitigkeit gütlich beilegt. Unter seiner Regierung als Hoch- und Teutschmeister in Preußen soll die erste silberne Münze daselbst unter dem Namen der Schillinge geschlagen worden sein, mit der Umschrift: Frater Theodoricus Magister Generalis.

[110]) Die Stadt Marienburg (im Regierungsbezirk Danzig) liegt in einer fruchtbaren Gegend an der Nogat.

In dem dortigen restaurirten Schloß befand sich ehemals der Sitz der Hochmeister des deutschen Ritterordens in Preußen. In den 25 Jahren,

Fünf Jahre hatte er diesem hohen Amte mit Ruhm und Auszeichnung vorgestanden, als er im Jahre 1335 in einem Alter von 80 Jahren nach dem Tode des Herzogs Luther von Braunschweig zum Hofmeister des deutschen Ritterordens in Preußen, wol am meisten als Lohn für seine Verdienste, ernannt wurde.

Als solcher besetzte er die wichtigsten Gebietigerämter mit solchen Männern, die ihm als verständige Rathgeber und Gehülfen in Sachen des Friedens sowohl, als auch des Krieges kräftig und thätig zur Seite stehen konnten.

Nicht ohne Interesse ist es, durch einen Bericht des Hochmeisters Dietrich an den Mark- und Landgraf Friedrich von Meißen vom 18. Januar 1335 zu erfahren, in welcher Weise der zwischen dem König von Polen und dem deutschen Orden bis dato bestandene Streit durch die schiedsrichterliche Entscheidung der Könige von Ungarn und Böhmen beigelegt worden war; freilich nur auf kurze Dauer.

(Siehe Urkunde Nr. XXXIV. im Urkundenbuch.)

Um Handel und Wandel zu erleichtern [111]) und die städtische Ordnung zu vervollkommnen, berieth sich Dietrich mit den vornehmsten Bürgern der größeren Städte des Landes auf einem Landtag zu Elbing über die zweckdienlichsten Mittel hierzu, wie z. B. über die Einführung eines gleichen Maaßes und Gewichts im ganzen Lande, demgemäß er alsbann die nöthigen Verordnungen erließ.

Im Jahre 1337 wurde er durch neue in Polen entstandene Unruhen beschäftigt, die er durch einen raschen Friedensabschluß zu unterdrücken hoffte. Die übrige Zeit widmete er der Verwaltung und dem Ordnen der inneren Verhältnisse seines Landes.

Er berief zu diesem Behufe im Sommer desselben Jahres ein großes Ordenscapitel nach Marienburg, wo Vieles eines Theils über die Landesordnung und über die Verwaltung der Ordensbesitzungen im Auslande berathen und beschlossen, andern Theils mehrere die Amtsverwaltung der Ordensritter, die Ordnung ihres Gottesdienstes, ihr Leben in den Ordensburgen und andere, innere Verhältnisse des Ordens betreffende Gesetze entworfen wurden.

Ferner beschäftigte sich Dietrich in diesem und in den folgenden Jahren viel mit der besseren Anordnung hinsichtlich der Jugendbildung; besonders war es die zu Königsberg errichtete neue Domschule, die seine Aufmerksamkeit anzog.

---

seitdem Marienburg der Sitz der Hochmeister des gedachten Ritterordens war, hatte die Zahl der Ordensritter sich bedeutend vermehrt. Deshalb ließ der Hochmeister Dietrich die Hauptkirche im obern Hause, ursprünglich nur für den Convent eines bloßen Komthurhauses berechnet, ansehnlich vergrößern, auch zugleich eine Capelle unter ihr als Todtengruft für die Hochmeister des erwähnten Ordens in dem verlängerten Theile der Hauptkirche einrichten.

[111]) Zu diesem Zweck beförderte der Hochmeister Dietrich von Altenburg als Begünstiger der Manufacturen die Errichtung von Fabriken, wodurch er den Reichthum seines Ordens zu heben hoffte. Oppel a. a. O. S. 170.

Laut einer von dem Ordenshaus Marienburg datirten, im Jahre 1338 gegebenen Urkunde verordnete er, mit Zustimmung des ganzen Capitels, in welcher Weise das Visitations-Amt des deutschen Ritterordens in Zukunft ausgeübt werden solle [112]).

Der alte Hochmeister Dietrich wurde vielfach durch die Nachrichten über den glücklichen Erfolg seiner Waffen sehr erfreut, durch die es insbesondere geglückt war, die neu errichtete Baierburg dem Orden zurück zu erobern.

Zwei mit ihrer Stellung unter dem fraglichen Orden unzufriedene Männer hatten nämlich den verrätherischen Plan gefaßt gehabt, dieselbe dem Feinde zu übergeben, es wurde aber derselbe vereitelt.

Marschall Dusener, begleitet von dem Pfalzgraf vom Rhein, rückte mit einer starken Heeresabtheilung zum Beistand der bedrängten Burg heran, wobei die Hälfte der Feinde erschlagen, dem Ordensheere aber eine reiche Beute zu Theil ward.

Von König Ludwig IV. wurde das ganze Land Lithauen nebst Samaiten, Karsau und Rußland, soweit es die Heiden inne hatten, dem deutschen Orden zum Besitz überwiesen, der Hochmeister Dietrich aber im Namen des Ordens mit der Verwaltung der weltlichen Verhältnisse, sowie mit der gesammten Gerichtsbarkeit des ganzen Fürstenthums, förmlich investirt.

Zur Vermittelung eines Friedens zwischen Polen und dem Orden waren die Könige Karl von Ungarn und Johann von Böhmen im Jahre 1341 als Schiedsrichter von den streitenden Parteien erwählt worden. Diese bemühten sich eifrig, den Frieden zwischen den letzteren wieder herzustellen, indem der Erstere den Propst Anton von Hah, der Letztere seinen Sohn, den Markgraf Karl von Mähren, zu diesem Zweck gegen Ausgang des Sommers 1341 nach Preußen sandte. Es wurde darauf ein Tag zur Verhandlung zu Thorn angeordnet, an welchem die fragliche Streitsache noch ein Mal berathen und nach Befinden geschlichtet werden sollte.

In der Hoffnung eines um so sichereren und glücklicheren Erfolgs sandte der Hochmeister Dietrich zuvor einige Komthure und Ordensritter an den König von Ungarn, um denselben zu bewegen, durch directe Vorstellungen den König von Polen zur Annahme der von ihm, dem Hochmeister, zu Kronweißenburg früher gestellten Friedensbedingungen zu gewinnen [113]). In den ersten

---

[112]) S. Nr. XXXV. im Urkundenbuch.
[113]) Diese von dem Hochmeister Dietrich damals in Vorschlag gebrachten Friedenspräliminarien waren folgende gewesen:
Die Gebiete von Cujavien und Dobrin, mit Ausschluß der Besitzungen, welche dem Orden schon vor der Besitznahme in diesen Landen zugehört hatten, sollten dem König von Polen nebst einer Summe von 10,000 Goldgulden als Schadenersatz für die daraus gezogenen Einkünfte eingehändigt werden, worauf die Rechte und Ansprüche beider Theile auf Pommern, das Kulmer- und Michelauer Land, sowie auf den Schadenersatz für die

Tagen des Monats October 1341 waren die Bevollmächtigten der Könige von Polen und Ungarn in Thorn eingetroffen, als beim Beginn der Unterhandlungen der Hochmeister Dietrich in unerwarteter Weise schwer erkrankte. Nur mit großer Anstrengung konnte er mit dem Markgraf Karl von Mähren von seinem Lager aus über die Angelegenheiten des Landes, namentlich in Bezug auf die Verhältnisse desselben zu Polen, sprechen.

Er empfahl den deutschen Ritterorden und die Ritterbrüder der Fürsorge und dem Schutze dieses Fürsten, und verschied alsbald, nach Vollendung eines segens- und thatenreichen Lebens.

Mit einem großen Trauergeleite ward seine Leiche nach Marienburg gebracht, wo sie in der Gruft der St. Annenkapelle daselbst beigesetzt wurde [114]). Zwei Jahre nach seinem Tode wurde endlich ein vollständiger Friede zwischen der Krone Polen und dem deutschen Orden abgeschlossen [115]).

Abschnitt V.

Territorial- und sonstige Verhältnisse der Burggrafen von Altenburg.

Bei der Erwähnung der Besitzungen der Burggrafen von Altenburg wird es zweckmäßig sein, dieselben unter A. in alphabetischer Reihenfolge anzuführen.

Wir lernen sie theilweise aus den Schenkungen an das deutsche Ordenshaus in Altenburg kennen, dem sie verschiedene Güter und sonst bezügliche Einkünfte eigneten, die sie vorher selbst vom Reiche

aus ihnen gezogenen Einkünfte gründlich geprüft, der fragliche Streit aber in der Weise für immer beigelegt werden sollte, daß fernere Widersprüche keinem Theile gestattet sein sollten.

[114]) Das Grab des Hochmeisters Dietrich in der St. Annenkapelle zu Marienburg deckt ein einfacher Stein mit folgender Inschrift:
„Do unsers Herren Christi jar"
„Was M. Dri CXLI. gar"
„Do starb der meistere suerich"
„Von Aldenburc Bruder Diterich"
„Hi zevin die meister begraben"
„Der von Aldenburc hat angehaben."
„Amen."
Einige nehmen den 15. Juni 1341 als den Todestag des Hochmeisters Dietrich, und Marienburg als den Ort seines Todes an, allein das Richtige möchte wol die auch von Anderen getheilte Ansicht sein, daß er zu Thorn am 6. October 1341 verstorben.
[115]) Huth a. a. O. S. 234 läßt die erste Zusammenkunft in Thorn bereits im Jahre 1340 geschehen und bemerkt, daß der damals vorläufig zwi-

in Lehn erhalten hatten. Deshalb wird es gerechtfertigt erscheinen, wenn der Verfasser mehrere darauf bezügliche burggräfliche Urkunden im Anhange mittheilt, wobei aber zu bemerken ist, daß die gedachten Burggrafen, mit Ausnahme der Erbgüter, meistentheils nur einzelne Nutzungen aus den fraglichen Ortschaften bezogen.

Ihre Güter lagen vielfach zerstreut in dem Oster- und Pleißnerland [116]), die ansehnlichsten waren aber jedes Falls diejenigen, welche sie in Meißen besaßen.

Es mögen zunächst hier

A.

die zur Dotation des Burggrafthum Altenburg gehörigen Besoldungsgüter innerhalb des Amtsbezirks erwähnt werden.

Nämlich

1) Arnoldisdorf (Arnsdorf), welches als burggräflich altenburgisches Lehn an die von Weisbach überlassen, von Conrad von Weisbach aber dem Burggraf Dietrich II. von Altenburg unter der Bedingung zurück gegeben wurde, daß er die davon fallenden Zinsen an das Kloster zu Frankenhausen überlassen sollte, welche Bedingung derselbe im Jahre 1296 erfüllte [117]).

2) Budowil (Pudobils), angeblich unweit Meuselwitz. Hier hatten die altenburgischen Burggrafen einige Zinsen an Geld und Getraide als einen Theil des Burgkorns zu erheben, die Burggraf Albrecht IV. von Altenburg aber im Jahre 1304 dem Kloster Bosau zu eigen gab.

3) Dreschowe (Drescha), nahe bei Altenburg.

---

schen Polen und dem deutschen Ritterorden daselbst abgeschlossene Waffenstillstand drei Jahre später in einen förmlichen Frieden verwandelt worden sei. Wir haben aber Grund, erst das Jahr 1341 als die Zeit der besagten Zusammenkunft in Thorn anzunehmen, so daß also, im Zusammenhange mit dem Vorhergesagten, zwei Jahre nach dem Tode des Hochmeisters Dietrich der erwähnte Friede zu Stande gekommen wäre.

[116]) Von der burggräflichen Curie auf dem Schloß zu Altenburg ist das Nöthige in der Einleitung, sowie in der Anmerkung 4) erwähnt worden.

Den Burggrafen von Altenburg gehörte der ganze Klosterberg, auf dessen Grund und Boden das Bergerkloster vor Altenburg zum Theil aufgebaut worden war, sowie ferner die rechte Seite der Vorstadt Pauritz, welche noch 1290 ganz abgesondert von der Stadt bestand. Früher als wendisches Dorf führte Pauritz den Namen Powerbicz, Pouwerbicz.

Im Jahre 1283 eignete Burggraf Heinrich IV. von Altenburg dem deutschen Ordenshaus zu Altenburg zwei vor der Stadt gelegene Hufen. S. Urkunde Nr. VII. im Urkundenbuch.

Im Jahr 1288 gaben die Burggrafen Dietrich II. und Heinrich IV. von Altenburg dem deutschen Ordenshaus in Altenburg die untere Mühle und einen dem Schlosse gelegenen Garten zu eigen. S. Urkunde XIV. im Urkundenbuch.

Im Jahre 1259 übertrug Burggraf Dietrich II. von Altenburg das Patronatrecht über die Capelle St. Martin auf dem Schloß mit allen Rechten und Nutzungen dem Marienhospital und den Brüdern des deutschen Hauses in Altenburg. S. Urkunde Nr. XVIII. im Urkundenbuch.

[117]) Arnsdorf (das jetzige Oberarnsdorf bei Ehrenhain) wurde zu der damaligen Zeit in das obere und niedere Dorf getheilt.

4) Glumen (Glumin)[118]. Westlich der Stadt Altenburg an der Grenze der Stadtflur und an der sogenannten alten Geraischen Straße wird eine Fläche Landes, die von der Höhe in einem Grunde nach Kosma zu sich hinabzieht, das Gleimchen genannt. Hier lag ehedem das vormalige Dorf Glumin inmitten zwischen den Dörfern Lossen und Kosma.

Dreschowe und Glumen waren unmittelbare Reichslehngüter der Burggrafen von Altenburg, die sie dem Dietrich von Lyznigk als ein Reichsafterlehn wiederum überließen.

Diese Orte wurden im Jahre 1291 nebst Libbelow[119]) und Seluwitz (Selwitz)[120]) von dem genannten Dietrich zu den Gütern des Klosters Buch geschlagen, nachdem Burggraf Dietrich II. und Heinrich V. nebst seinem Bruder Dietrich III. als bisherige Lehnsherren darauf verzichtet hatten.

5) Gnaswitz (Gnabschütz), ein bei Schmölln gelegenes Dorf. Es wurde von dem Burggraf Albrecht I. von Altenburg im Jahre 1288 zum großen Theil an das dortige Bergerkloster verschenkt.

6) Greifendorf oder Gryfendorf, ein nahe bei der sächsischen Stadt Hainichen gelegener Ort.

Ein Dresdner Bürger, Reinhard Pugil, welcher dieses altenburgische Lehngut in Lehn besaß, soll dasselbe im Jahre 1284 mit Genehmigung des Burggrafen Dietrich II. von Altenburg dem Markgraf Heinrich dem Erlauchten von Meißen übergeben haben, von welchem es mit den Gütern des Klosters Celle vereinigt wurde[121]).

7) Garbus. Siehe Huth a. a. O. Seite 197.

---

[118]) Mitth. a. a. O. S. 221. Burggraf Heinrich IV. von Altenburg verzichtete zu Gunsten Dietrichs von Leißnig im Jahr 1283 auf vier ihm vom Reiche in Lehn gegebene, in dem Dorfe Glumen gelegene Hufen.
S. Urkunde VIII. im Urkundenbuch.

[119]) Libbelow oder Niederlöbla ist gleich mit dem bei Altenburg gelegenen Dorfe Unterlöbla. Burggraf Albrecht III. von Altenburg schenkte dem deutschen Ordenshaus in Altenburg im Jahre 1277 zwei und eine halbe in diesem Dorfe gelegene Hufen, worüber er am 3. Juli 1277 eine Urkunde ausstellte. S. Urkunde II. im Urkundenbuch.

[120]) Nach Tauchwitz (Collect. B. S. 69) ist die Stelle, wo dieses von ihm Selemitz genannte Dorf ehedem lag, zwischen den Dörfern Kröbern und Zechau zu suchen, vielleicht da, wo sich noch jetzt ein Birkenwäldchen, der Selwitzer genannt, findet. Dieses Dorf scheint aber schon im Jahre 1488, als Hans und Georg von der Gabelenz zu Windischleuba an den Gleitsmann Conrad Triller zu Altenburg den Zins von zwei Lehnsleuten zu Kröbern und Petsa, den dieselben von Gütern zu Selwitz entrichteten, wiederkäuflich verkauften, nicht mehr gestanden zu haben.
Die Sage läßt dasselbe versunken sein. Mitth. a. a. O. III. S. 221.

[121]) S. Oppel a. a. O. S. 176.
Nach den Urkunden IX. und X. im Urkundenbuch dagegen gaben die Burggrafen Dietrich II. und Heinrich IV. von Altenburg selbst die fraglichen burggräflichen Güter in Grifendorf dem Kloster Celle im Jahre 1284 zu eigen.

8) **Gröba** (Greva). Burggraf Albrecht III. von Altenburg eignete dem deutschen Ordenshaus in Altenburg im Jahre 1277 drei Talente, welche er von Gütern in Gröba als Zins bezogen hatte. Siehe Urkunde Nr. I. im Urkundenbuch.
9) **Jauern.** Burggraf Albrecht IV. von Altenburg eignete dem deutschen Ordenshaus in Altenburg im Jahre 1291 sechs in dem Dorfe Jauern gelegene Hufen und vier daselbst, Supen genannt. Siehe Urkunde Nr. XXI.
10) **Kröbern.** S. Huth a. a. O. Seite 197. Burggraf Albrecht IV. zu Altenburg verkaufte laut einer Urkunde vom 30. November 1305 dem Kloster Buch das Burgkorn in dem Dorfe Kröbern.
11) **Kürbitz.** Siehe Urkunde Nr. XXIII. im Urkundenbuch.
12) **Longaluben, Lengeleben** (Langenleuba). Es gehörte dem Burggraf Heinrich IV. von Altenburg, der einige Zeit vor seinem Tode ein in diesem Dorfe gelegenes Gut mit dem Bergerkloster vor Altenburg vereinigte, von welchem dasselbe eine Mark Silbers zu erheben hatte [122]).
13) **Lopschitz** (Lobstädt). Diese Stadt wurde, wie der Verfasser früher erwähnt hat, von Kaiser Friedrich II. an Burggraf Albrecht I. von Altenburg verschenkt, von dessen Sohn Albrecht (II.) aber um 1267 an Heinrich von Zeschau verkauft. Später kam dieselbe in die Hände der Herrn von Einsiedel [123]).
14) **Lubewitz.** Burggraf Albrecht I. von Altenburg überließ im Jahre 1228 drei Hufen Landes daselbst dem Bergerkloster vor Altenburg.
15) **Lüben** (Oberleupten), ein altenburgisches Dorf. Es hatte früher als ein burggräfliches Lehngut Siegfried von Steinbach gehört, von welchem es später mit Genehmigung des Burggrafen Albrecht IV. von Altenburg an das dasige Bergerkloster abgetreten wurde.
16) **Lysau.** Dieses war schon im 12. Jahrhundert den Burggrafen von Altenburg unterworfen, welche es um 1214 an das dasige Bergerkloster verkaufen mußten.
17) **Münsa.** Dort hatten die Burggrafen von Altenburg wahrscheinlich ebenfalls Besitzungen, wie aus der Urkunde Nr. XIII. im Urkundenbuch hervorgehen dürfte. Albert und Heinrich von Flügelsberg eigneten nämlich laut derselben dem deutschen Ordenshaus in Altenburg im Jahre 1287 einen ihnen gehörigen, von ihren Vorfahren auf sie gekommenen Garten bei der Mühle zu Münsa.
18) **Modern.** Burggraf Heinrich IV. von Altenburg eignete im Jahre 1288 dem deutschen Ordenshaus und dem Hospital

---

[122]) v. Mende a. a. O. III. S. 1181. Burggraf Albrecht IV. von Altenburg eignete am 10. December 1326 dem dasigen Bergerkloster einige Zinsen in Langenleuba. Siehe Wagners Collect. Bd. I. A. Nr. 72. S. 111.
[123]) Oppel a. a. O. S. 177.

zum heiligen Geist in Altenburg vier Hufen im Dorfe Modern. Siehe Urkunde XV. im Urkundenbuch.
19) Nobitz. Derselbe Burggraf eignete dem deutschen Ordenshaus in Altenburg im Jahre 1289 zwei bei dem Dorf Nobitz (Nabbitz) gelegene Morgen. Siehe Urkunde XVII. im Urkundenbuch.
20) Neuenhayn. Dieses wurde von den Burggrafen Albrecht III. und Heinrich IV. von Altenburg als ein freies Reichslehen besessen, von dem Letzteren aber Schulden halber an Conrad von Kauffungen überlassen.

Bei dieser Veräußerung hatte Burggraf Heinrich die Lehnsherrlichkeit sich vorbehalten, kraft deren Conrad von Kauffungen später im Jahre 1299 der Einwilligung des Burggrafen Dietrich II. von Altenburg bedurfte, als er diesen Ort an das Kloster Buch abtrat.
21) Nobasiz (wahrscheinlich Rositz bei Altenburg). Siehe Urkunde XVI. im Urkundenbuch.
22) Plottendorf. Hierüber siehe die Urkunden III., IV., V., XI. im Urkundenbuch. In Urkunde IV. wird die Grenze bestimmt, bis zu welcher diese Schenkung an das deutsche Ordenshaus in Altenburg bezüglich des Dorfes Plottendorf sich erstrecken sollte. Unter Anderm ist der Kammerforst als Grenze genannt, der noch jetzt, wie bekannt ist, unter diesem Namen existirt, und ehemals zu den Nutzungen der Burggrafen von Altenburg gehört hat. Aus der Urkunde XV. erfahren wir, daß die altenburgischen Burggrafen früher auch den Zoll zu Treben besessen haben.
23) Pordize. Solches kommt als ein zu der Burggraffschaft Altenburg gehöriger Ort im Jahre 1301 vor. (Vergl. Mencke a. a. O. III. S. 1180.) Pordize soll nach Wagner gleich mit dem Dorfe Pabitz bei Altenburg sein.
24) Rothn (Rötha bei Altenburg). Es befand sich als ein burggräfliches Lehen in den Händen Ludovici & Conradi Hirci (vid. Mencke T. III. p. 1181), die auf Befehl des Burggrafen Dietrich II. von Altenburg einige Hufen und Zinsen davon dem Bergerkloster vor Altenburg abtreten mußten.
25) Stenuewiz (Steinwitz), ganz nahe bei Altenburg. Es gehörte einst dem Ritter Andreas von Lysau, der als ein burggräflicher altenburgischer Lehnsmann es sich gefallen lassen mußte, daß fünf Hufen von seinen Feldern daselbst ihm entrissen und dem Bergerkloster vor Altenburg von seinen Lehnsherrn zu eigen gegeben wurden [124]).
26) Slucz (Schlaubitz). Burggraf Heinrich IV. von Altenburg eignete dem deutschen Ordenshaus in Altenburg im Jahre 1285 eine in diesem Dorfe gelegene Hufe mit allen Zubehörungen. (Siehe Urkunde Nr. XII. im Urkundenbuch.)

---

[124]) Vid. Mencke a. a. O. T. III. pag. 1181.

27) **Zebitzsch** (Sebisch), Sebitz. Burggraf Heinrich IV. von Altenburg überließ dem deutschen Ordenshaus in Altenburg im Jahre 1289 die an dem Sebischholz ihm zugestandene Nutzung [125]. (Siehe Urkunde Nr. XLIX. im Urkundenbuch).

B.

Zu den Haus= und Privatgütern der Burggrafen von Altenburg gehörten

I) **Zinnenberg** (Zchnneberg, Chnnenberg, Cinninberg ꝛc.), — siehe Abschnitt II. —, das bei Penig gelegene Stammschloß der altenburgischen burggräflichen Familie. Es kommt öfters in den Urkunden der Burggrafen von Altenburg vor, wie z. B. in einer Urkunde des Burggrafen Heinrich IV. von Altenburg v. J. 1280, in welcher derselbe einen Herrn von Cinnenberg sich nennt, (vide Mencke a. a. O. T. III. pag. 1074).

Nach dem Absterben der Cinnenbergischen Linie kam diese Herrschaft an die Rochsburgische Linie der Burggrafen von Altenburg, und als diese in der Person Albrechts IV. gleichfalls aufhörte, gerieth sie in die Hände der Burggrafen von Leißnig, nach deren Abgang sie an den Herzog Georg von Sachsen zurückfiel.

Der Bruder des Letzteren, Herzog Heinrich der Fromme, trat Cinnenberg nebst Penig den Herrn von Schönburg gegen andere Güter erblich ab, behielt sich aber die landesobrigkeitlichen und lehnsherrlichen Rechte an beiden vor.

II) **Penig**, Stadt und Schloß. In den älteren Zeiten stand die Stadt unter den Burggrafen von Altenburg, gelangte später durch die Vermählung der einzigen Tochter des letzten Burggrafen von Altenburg, Albrechts IV., an die Burggrafen von Leißnig und fiel nach deren Absterben im Jahre 1538 in die Hände der Herzoge zu Sachsen aus der Albertinischen Linie.

---

[125]) Oestlich von Windischleuba und nördlich von Pöppschen und Bocka liegen das Sebischholz, der Sebischweg und der Sebischteich. Daß ein Dorf einst dort gestanden und diese ihren Namen davon erhalten haben, ergibt sich aus mehreren Urkunden. So wurden schon im Jahre 1281 dem deutschen Ordenshause zu Altenburg silvae prope villam Sebitz und demselben im Jahre 1287 von Thimo von Chorin 18 Acker bebauten Landes und 12 Acker, die noch Wald waren, geeignet, und noch später im Jahre 1358 bestätigten die Landgrafen Friedrich und Balthasar dem Marien-Magdalenenkloster zu Altenburg den Besitz eines jährlichen Zinses von acht Schillingen breiter Groschen „zu wüsten Sebitz".

Diese letztere Urkunde (Original-Urkunde) v. J. 1358 befindet sich im Regierungsarchiv zu Altenburg. Die Reihenfolge der in derselben angeführten Ortschaften und die obgedachten Ortsnamen weisen auf die angegebene Lage des Dorfes hin, jedes Falls aber muß es sehr frühzeitig untergegangen sein, da es schon im Jahre 1358 wüste lag. Ob die um 1840 in jener Gegend unterhalb des Sebischholzes beim Ackern aufgefundenen Grundmauern jenem Dorfe angehörten, muß dahin gestellt bleiben.

Mitth. a. a. O. III. S. 215.

Nach dem Tode des Herzogs Georg und dessen Bruders, Heinrichs des Frommen, erhielt der älteste Sohn des Letzteren, Churfürst Moritz, wie bekannt ist, die sämmtlichen Albertinischen Lande des Hauses Sachsen, und dieser vertauschte Penig im Jahre 1548 an die Herren Georg, Hauck und Wolf, Gebrüder von Schönburg (Schonburg) gegen Hohenstein und Lohmen (vid. dipl. in Kreysigs Beiträgen 2c. III. p. 395). Diese besaßen von da an Penig als ein Churfächsisches Lehn, und noch jetzt befindet es sich in von Schönburg'schem Besitz [126]).

III) Rochsburg. (Rochsberc, Rochesberg &c.). Es gehörte ehemals ebenfalls den Burggrafen von Altenburg. Bei der zwischen den beiden Brüdern, Albrecht III. und Dietrich II. von Altenburg, im Jahre 1270 wegen der väterlichen Erbschaft vorgenommenen Theilung kam Rochsburg auf den Antheil des Letzteren, wodurch derselbe der Stifter der jüngeren Linie der Burggrafen von Altenburg zu Rochsburg wurde. Dort schlug derselbe sein Hoflager auf, und von diesem seinem Schlosse aus sind viele seiner Urkunden gezeichnet.

Nach dem Absterben der Burggrafen von Altenburg fiel Rochsburg als ein denselben gehöriges Erbgut an die Burggrafen von Leißnig, von denen es im 16. Jahrhundert an die Herren von Schönburg überlassen wurde.

IV) & V) Frohburg und Flügelsberg (Flößberg) { in Urkunden Vroburc, Vroburg & " " Vlugelsberc, Fluchilisberg &c.

Siehe Abtheilung I. dieser Geschichte u. Mitth. a. a. O. VI. Seite 332, 334.

---

[126]) In der oben angezogenen Urkunde des Churfürsten Moritz vom Jahre 1548, laut deren derselbe die genannten Herren von Schönburg mit der Herrschaft Penig belehnte, sind Schloß, sowie Stadt Penig mit Zcynneberg genannt. Zur Geschichte Penigs ist noch Folgendes zu bemerken:

Eine der ersten Anlagen der Sorben war die Beste Rodenburg, von deren früherem Bestand man noch die Spuren oberhalb der Stadt Penig nachweist, und die sie von dem russischen Wort penock, ein Baumstamm oder Stock, also von der Waldausrodung, die sie vorgenommen hatten, Penigl oder die Rodenburg nannten.

Die Beste Penigl wurde im zehnten Jahrhundert bei Unterjochung der Sorben vernichtet, jedoch erhielt sich ihr Name in dem darunter gelegenen damaligen Flecken, der heutigen Stadt Penig. Wol wurde auch die alte Burg unter dem Namen Zinnenberg wieder hergestellt, wie wir denn solche nebst Penig als eine den Burggrafen von Altenburg früher gehörende besondere Herrschaft kennen; allein auch das Schloß Zinnenberg wurde gleichfalls wieder vernichtet und nur der Name Penigl (Penig) hat sich für jene Herrschaft erhalten, obgleich das bei dieser Stadt befindliche Vorwerk, an dessen Stelle angeblich einst das fragliche Schloß gestanden, noch jetzt den Namen Zinnenberg (Zcynneberg) führt.

Ludwig a. a. O. T. XII. pag. 526.
Limmer, Gesch. des Pleißnerlandes, S. 14.

Noch vor der Zeit, als Conrad von Frohburg und Heinrich von Flügelsberg, die Vettern des Burggrafen Albrecht II. von Altenburg, in den Besitz von Frohburg und Flügelsberg gekommen, waren diese Ortschaften ehedem im Besitz der altenburgischen burggräflichen Familie.

Wann aber und auf welche Weise sie dazu gelangt und wer ihre resp. unmittelbaren Vorbesitzer gewesen sind, hat von dem Verfasser nicht ermittelt werden können.

Endlich ist

C.

noch zu erwähnen, daß die Burggrafen von Altenburg auch ein Schloß zu Schmölln besaßen, von dem aber jetzt keine Spur mehr vorhanden ist [127]).

Von den Einkünften der Burggrafen von Altenburg besitzen wir leider größtentheils nur allgemeine Nachrichten. Damit die Burggrafen nämlich ihr Amt ungehindert, zugleich aber mit Anstand verwalten konnten, räumten die Könige des deutschen Reichs ihnen gewisse Ländereien als Reichslehen, bisweilen aber auch nur einzelne Einkünfte aus denselben, ein [128]). Solche Reichsgüter gaben diese wiederum Anderen, wie bereits erwähnt worden ist, in Lehen, von denen sie dafür eine Abgabe an Geld oder an Früchten erhielten.

Wie viel die Gerichtsgebühren der altenburgischen Burggrafen betrugen, kann der Verfasser leider nicht angeben; wohl ist es aber möglich, daß dieselben, gleich den Voigten im Voigtland, den dritten Theil aller Gerichtssporteln und Strafgelder bezogen. War dies wirklich der Fall, so muß bemerkt werden, daß, in Ansehung der Strafgelder „fredum, wette oder bannum", nur der dritte Pfennig dem Burggraf gehörte, während das Uebrige der Lehnsherr, also der König vom deutschen Reiche, für sich behielt [129]).

---

[127]) Schöttgen und Kreysig a. a. O. Bd. II. S. 263.

[128]) Bei dem Geldmangel in den alten Zeiten pflegten die Fürsten fast stets ihren Ministerialen gewisse Grundstücke und Zinsen, anstatt der Besoldungen, anzuweisen. Kreysig a. a. O. V. S. 406.

[129]) Gewiß ist es, daß auch zur Administration des Reichsbannes den Unterthanen des ehemaligen deutschen Reichs bestimmte Steuern und Getraidezinsen auferlegt waren.

Einige Geld- und Getraidezinsen wurden Wachgeld und Wachgetraide genannt, von welchen die Burggrafen ihren gesetzlichen Theil empfingen. Ueber das Verhältniß, nach welchem jene Getraideauflage — für welche es ein besonderes Maaß, Burgmaaß genannt, gab, deren Betrag von den Zinsleuten frohnweise an den Ort der Bestimmung gebracht ward, — erhoben wurde, läßt sich etwas Gewisses nicht angeben. Ebensowenig kann man die Frage mit Gewißheit beantworten, ob auf einer und derselben Hufe Wachdienste und Wachzinsen lasteten, oder ob nicht vielmehr das Eine als Ersatz für das Andere galt. Märcker a. a. O. S. 111.

Außer den gewöhnlichen Zinsen waren den Burggrafen auch noch gewisse dignitates & honores eingeräumt, welche zum Theil ebenfalls nicht ohne Einkünfte waren.

Die Burggrafen von Altenburg besaßen ferner Einnahmen aus der altenburgischen Münze
(s. Huth a. a. O. S. 197),
aus der Fisch- und Fährgerechtigkeit zu Töpeln an der Zschopau, die ihnen eigenthümlich gehörte,
(ibid. S. 227),
sowie endlich jedes Falls nicht unbedeutende Einnahmen aus ihren in Meißen gelegenen Erbgütern, da sie ja insbesondere rücksichtlich derselben, wie wir wissen, einen sehr hohen Rang unter dem pleißnischen Adel einnahmen.

Einen interessanten Nachweis gewisser Einnahmen der altenburgischen Burggrafen liefert die Urkunde Nr. XX[1]. im Urkundenbuch, in welcher die betreffenden Stellen also lauten:

Zu dem burchamechte gehorn ovch virsehen (vierzehn) phunt [130]) weichter [131]) pheninge [132]) di sullen gereit [133]) sin an sente Bartholomeustage, da sal der burgreue sine boten nachsenden vnde wer der pheninge nicht gereit hat den sal der bote phenden vor drissic schillinge vnde in (er) darf das phunt nicht zu borge (Burgin) geben he vorsetzzis vor drisic schillinge vnde vor di pheninge davon sal der burgreue halden vir weichtere (wächter) of deme hus zu Aldenburch. Dazu gehorn ovch schelf (zwölf) scheffile torweis [134]) vnde nach (noch) deme scheffile ein schillinc, da von sal der burgreue ein torwarten halden an dem vsirsten tore. Dazu gehorn ovch schesschen (sechzehn) hundirt scheffile getreidis daz da heisit burckorn, daz sal sin halp rocken vnde halp habire (hafer). Daz selbe burckorn daz sal sin gereit zu sente Michahelistage. Danoch [135]) sal der burgreue sine boten senden vnde sine waine vf daz gut da von man daz burckorn gibt. Daz selbe getreide sal man messin mit deme burchscheffile der sal sin bodimlos vnde des burcgreuen bote sal daruf hufen waz daruf geben mac (mag). Wenne des burchgreuen bote daz burckorn vordirt nach sente Michahelistage, wer des nicht gereit hat, der sal is vor sente Mertinstage vf

---

Als König Ludwig der Baier den Markgraf Friedrich den Ernsthaften von Meißen im Jahre 1329 mit dem Burggrafthum Altenburg belehnte, bediente er sich unter anderen der Worte: „burchgraviatum in Altenburg cum universis suis juribus, dignitatibus, honoribus et praerogativis, emolamentis & pertinentiis quibuscunque in justum & rectum feudum concedimus"; aus denen das soeben Erwähnte deutlich hervorgehen dürfte.

[130]) In den Mittheilungen der Gesch. und Alterthumsforschenden Gesellschaft des Osterlandes zu Altenburg Bd. IV. S. 304 steht phuter statt phunt.
[131]) Wächter.
[132]) Pfennich-Buchwaizen.
[133]) bereit.
[134]) Thorwaizen.
[135]) Dornach.

daz hus zu Aldenburch breingen in des burgreve hof. Wer des nichtin (nichten) tut, so sal der burgreue sine boten senden vnde sal lassen phenden vor daz korn vnde vor drisic schillinge, vnde der bote darf das phant nicht zu borge geben hen vorzetzis vor sin korn vnde vor drisic schillinge, vnde von welchime gute burckorn gevallen sal, erbiten [136]) daz rittire adir rittirmessige lute mit irs selbis phluge di sint burckorns ledic, erbitins abir lenlute adir (oder) koflute adir geburc (Bauern) di sullen is geben. Zu deme burcamechte gehorit ovch also vil also der burgreue holzis darf zu buene (?) vnde zu burne [137]), das sal he (er) howen in des riches vorsten in der Line vnde in deme Kamervorste vnde in deme Tirgarten. Der selbe burgreue hat ovch daz recht, wer gut zu Plissen ime lande von deme rich hat der daz vorkoffin adir lasen adir sime wibe dingen wil, daz daz also gute kraft hat vor im alse ab daz riche zu genwerdic were ab man des richis nicht gehaben mac, da sullen des riches dinstman schvene (zwei) bi (dabei) sin.

Abschnitt VI.

Fernere Schicksale des Burggrafthum Altenburg nach Absterben des letzten Burggrafen, Albrecht IV.

(Schluß.)

Der Verfasser erinnert daran, daß der Landgraf Friedrich der Freudige, der damalige Pfandinhaber vom Pleißnerland, im Jahre 1322 in einen traurigen Gemüthszustand verfallen war, aus dem erst der Tod zwei Jahre darauf ihn erlöste. Während seiner Krankheit hatte dessen Gemahlin Elisabeth die vormundschaftliche Regierung für ihren unmündigen Sohn Friedrich mit Unterstützung des Grafen Heinrich von Schwarzburg geführt.

Ob nun gleich dem jungen Landgraf Friedrich zuerst die Prinzessin Jutta, eine Tochter des Königs Johann von Böhmen, welche ein ganzes Jahr hindurch an dem landgräflichen Hofe zu Wartburg erzogen worden, zur Gemahlin bestimmt war, so wußte doch der König Ludwig der Baier die Landgräfin Elisabeth dahin zu bestimmen, dieselbe ihrem Vater, unbekümmert um die etwa daraus entstehenden Verdrießlichkeiten, im Jahre 1323 zurück zu senden,

---

[136]) arbeiten.
[137]) burne = brennen. Was buene bedeutet, weiß der Verfasser nicht. In den Mittheilungen der Gesch. und Alterthumsforschenden Gesellschaft des Osterlandes zu Altenburg Bb. IV. S. 305 steht blos borne, was jedes Falls gleichbedeutend mit dem oben angeführten Worte burne ist.

ihren Sohn Friedrich dagegen mit seiner, des Königs, Tochter Mechthilde (Mathilde) zu verloben, was noch in demselben Jahre erfolgte.

Es war solches für beide Theile vortheilhaft, denn eines Theils bedurfte der König Ludwig eines mächtigen Bundesgenossen wegen der fortwährenden Händel mit dem Papste, sowie mit dem Gegenkönig Friedrich (dem Schönen) von Oesterreich; andern Theils aber gewann Landgraf Friedrich in jedem Falle eine ihm wünschenswerthe schöne Provinz, sobald die eheliche Verbindung seines Sohnes mit der Königstochter Mathilde wirklich zu Stande kam.

In der That trat der König Ludwig dem genannten Landgraf und dessen Sohne bereits am 24. Januar 1323 zu Regensburg das Wiedereinlösungsrecht auf die Städte Altenburg, Chemnitz und Zwickau ab, auf welchen der König Johann von Böhmen noch die Summe von 10,000 Mark Silbers stehen hatte, die sein Schwiegervater, König Wenzel, dem König Adolph in früherer Zeit geliehen hatte. Indessen mochte dem Landgraf mit dem Einlösungsrecht allein nichts gedient sein; sein Streben ging vielmehr dahin, die drei vorgenannten Reichsstädte nebst dem ganzen Pleißnerland unentgeltlich als sein Eigenthum an sich zu bringen, und hierzu bot sich bald Gelegenheit dar.

In Brandenburg war nämlich im Jahre 1322 der letzte Kurfürst aus askanischem Geblüt, der Markgraf und Kurfürst Waldemar, gestorben, worauf der König Ludwig auf einem in dem darauf folgenden Jahre zu Nürnberg abgehaltenen Reichstag das eröffnete Reichslehn seinem damals noch unmündigen Sohne Ludwig übertrug. Hierüber gerieth derselbe aber mit dem dasselbe als sein rechtmäßiges Eigenthum beanspruchenden Kurfürst Rudolph von Sachsen, der selbst aus dem Hause Askanien stammte, in Streit, gegen welchen der Landgraf Friedrich der Freudige ihm wesentlichen Beistand in Brandenburg leistete[138], für den er freilich später die Summe von 3000 Mark Silbers als Vergütung verlangte.

Der König verpfändete ihm dagegen am 8. August 1324 anderweit das Pleißnerland nebst den Reichsstädten Altenburg, Chemnitz und Zwickau, und belieh seinen Schwiegersohn, den Markgraf Friedrich den Ernsthaften, am 7. November 1324 auch im Voraus mit der Burggrafschaft Altenburg, deren baldige Lehnseröffnung bei dem hohen Alter des ohne männliche Erben lebenden Burggrafen Albrecht IV. vorauszusehen war. Zugleich verschrieb er seinem genannten Schwiegersohn im Jahre 1326 wegen der in der Mark Brandenburg ihm geleisteten treuen Dienste noch 3000 Mark Silbers auf das Pleißnerland, außer jenen 10,000 Mark, welche derselbe noch aus der Verschreibung des Kaisers Friedrich II.

---

[138] Hiernach scheint der getrübte Gemüthszustand des Landgrafen Friedrich, von dem er vielleicht nur momentan befallen war, ihn nicht an selbstthätigem Handeln gehindert zu haben.

darauf zu fordern hatte, und außerdem noch 8000 Mark wegen
angeblich erlittener Schaden [139]).

Endlich wurde die zwischen dem Mark- und Landgraf Friedrich dem Ernsthaften und der Prinzessin Mathilde seit langer Zeit beschlossene Vermählung im Jahre 1329 mit königlicher Pracht zu Nürnberg vollzogen und am 23. Juni ebendesselben Jahres [140]) erhielt der gedachte Markgraf zu Pavia die Belehnung mit der Burggrafschaft Altenburg, nachdem der letzte Besitzer derselben, Burggraf Albrecht IV., kurz vorher verstorben war.

Altenburg wurde seit dieser Zeit als ein Theil der Herrschaft Pleißen angesehen und von den deutschen Königen selbst ohne fernern Widerspruch dafür anerkannt.

Im Jahre 1350 erfolgte die Beleihung der Söhne Friedrichs des Ernsthaften, der Markgrafen Friedrich, Balthasar, Ludwig und Wilhelm, durch den König Karl IV. mit dem Burggrafthum Altenburg, was obigen Ausspruch bestätigen dürfte [141]).

Wenn nun auch Altenburg nebst Chemnitz und Zwickau nur pfandweise, wie historisch feststeht, am 23. Juni 1329 dem Landgraf Friedrich überlassen worden war, bis einst König Ludwig oder einer seiner Nachfolger sie gegen Erlegung der darauf ruhenden Schuld wieder einlösen würde, so ist jene Einlösung doch nie erfolgt, und es ist daher anzunehmen, daß die vorerwähnten drei Reichsstädte, vielleicht auf Grund eines nicht weiter bekannt gewordenen geheimen Vertrags, schon zu jener Zeit demselben unwiderruflich abgetreten worden waren. Dies möchte auch daraus hervorgehen, daß von jener Zeit an durchgängig meißnisches Geld in Altenburg in Gebrauch kam, sowie daß der genannte Landgraf die wendische Sprache in sämmtlichen Gerichten des Pleißnerlandes, wo sie bisher noch nicht üblich gewesen war, abschaffen und, statt ihrer, die deutsche Sprache einführen ließ [142]), eine die wendische Nationalität offenbar so tief berührende, wenn nicht geradezu verletzende Neuerung, daß, wenn er nicht damals unumschränkter Herr des Landes gewesen wäre, er diese sich wol nicht hätte erlauben dürfen.

Der Verfasser beschließt hiermit die Geschichte der Burggrafen von Altenburg.

---

[139]) Siehe Urkunde Nr. XXXII. im Urkundenbuch.
Außerdem erfahren wir aus einer Urkunde vom 9. November 1323 (s. Urkunde Nr. XXIX.), daß der König Ludwig seinem Eidam, dem Markgrafen Friedrich, wegen 10,000 Mark Silbers als Brautschatz seiner Tochter Mathilde Mühlhausen und Nordhausen verpfändet hatte.
[140]) S. Urkunde Nr. XXXIII. im Urkundenbuch.
[141]) S. Urkunde Nr. XXXVI. im Urkundenbuch.
[142]) S. Huth a. a. O. S. 164.

Urkundenbuch.

Zum großen Theil nach Originalen des königlichen
Hauptstaatsarchivs zu Dresden.

I.

Burggraf Albrecht III. von Altenburg eignet dem deutschen Ordenshaus zu Altenburg im Jahre 1277 drei Talente, bezogen als Zins aus Gröben.

Albertus Dei gracia prefectus de Aldenburc omnibus presentem paginam inspecturis in perpetuum. Notum facimus tam presentibus quam futuris, quod ob reuerentiam Dei omnipotentis eiusque pie genitricis et in remissionem peccatorum nostrorum libera et integra dedimus donatione bona sita in Greva, singulis annis iij. talenta soluentia nomine census, que nobilis vir Heinricus de Cedelize et filii fratris ipsius Ottonis bone memorie a nobis in feodo tenuerunt, fratribus domus teuthonicorum perpetuo possidenda. Igitur ad perfectam et ueram predicte donationis confirmationem presens eis dedimus manuscriptum sigilli nostri munimine roboratum. Actum anno incarnationis dominice millesimo cc̊ lxxvij. Testes huius rei sunt dominus Albertus de Lydelou, dominus Johannes Remse, dominus Heinricus de Studenscen milites, Theodericus de Gerstenberc, VIsco forestarius, Heinricus dictus Scherfingus, Rudolfus Schultetus, Conradus de Waldenberc et alii quam plures.

(O. 906. auf Pergament mit gut gehaltenem Siegel.)

II.

Burggraf Albrecht III. von Altenburg eignet dem deutschen Ordenshaus zu Altenburg im Jahre 1277 zwei und eine halbe, in dem Dorfe Liddelow (Unterlödla) gelegene Hufen.

Albertus Dei gracia prefectus de Aldenburc omnibus presentem paginam inspecturis in perpetuum. Notum facimus tam presentibus quam futuris, quod ob reuerenciam Dei omnipotentis eiusque pie genitricis et in remissionem peccatorum nostrorum bona sita in Lydelov videlicet duos mansos et dimidium, nec non et ibidem pratum cum vniuersis attinentibus que de nobis in feodo strenui milites Reinhardus et Heinricus dicti de Rochlize tenuerunt, libera dedimus et iutegra donatione quidquid iuris habuimus vel competere nobis uidebatur in eisdem fratribus domus teuthonice in presentia venerabilis viri fratris Burckardi dicti de Swanden commendatoris tunc per Thuringiam ac Saxoniam generalis. Igitur ad perfectam et veram predicte donationis confirmationem presens eis dedimus manuscriptum sigilli nostri munimine roboratum. Acta sunt hec anno domini m̊ c̊c̊ lxx v̊ii̊. v. Nonas Julij. Testes uero frater Conradus de Rode et frater Johannes sacerdotes, frater Heinricus de Wernherstorf, frater Wernherus cellarius, frater Thymo, Heinricus dictus de Thyrbach, Heinricus Clippeator et Matheus frater ejus et alii quam plures.

(O. 894. auf Pergament mit gut gehaltenem Siegel.)

III.

Burggraf Dietrich II. von Altenburg eignet dem deutschen Ordenshaus in Altenburg im Jahre 1280 das Dorf Plottendorf mit allen Rechten und Nutzungen, wie Heinrich von Sarowe (Saara) es von ihm in Lehn besessen hatte.

Vergl. die ähnlichen Urkunden Nr. IV. V. XI.

Opere precium est, ut res que longeuam educenda est noticiam quibus subsistat ... mentis memorie sustentetur. Nos igitur Theodericus burgrauius de Aldenburg tenore presencium recognoscimus litterarum, quod Heinricus de Sarowe villam dictam Plotendorff quam a nobis in feodo possidebat cum omni iure sicut ipse habuit siue sit in bonis feodalibus vlterius vel solutis siue censualibus uel non censum soluentibus nobis viris honestis et fidelibus presentibus resignauit. In cuius rei testimonium et majorem euidenciam ne predicta actio scrupulum ambiguitatis incurrat et contentionem inpedimenti presentem paginam desuper conscriptam nostri sigilli robore dedimus consignatam. Hanc autem villam ob honorem Dei donauimus fratribus domus Theutonice in Aldenburg cum omnibus prouentibus et iuribus tytulo proprietario perpetuo possidendam. Testibus infra scriptis scilicet domino Friderico seniore de Schoneburg, domino Alberto de Flugelsperch, Thiterico de Liznicz, domino Thimone de Chorun, Alberto de Remse et aliis quam plurimis fide dignis. Actum et datum anno domini m̊. c̊c̊ lxxx. 11 kalendas Maii.

(O. 973. auf Pergament mit gut gehaltenem Siegel.)

IV.

Burggraf Heinrich IV. von Altenburg eignet dem deutschen Ordenshaus zu Altenburg im Jahre 1282 das Dorf Plottendorf mit allem Zubehör, wie Conrad und Heinrich von Sarowe (Saara) es in Lehn besaßen. Der in dieser Urkunde als Gränze erwähnte Kammerforst gehörte mit zu den Nutzungen der Burggrafen von Altenburg.

Nos Heinricus Dei gracia burgrauius de Aldenburch recognoscimus tenore presencium protestando, quod ex consensu vnanimi dilectorum fratrum nostrorum Theoderici et Heinrici ob honorem Dei et gloriose virginis matris ejus. Marie et propter salutem animarum nostrarum et omnium heredum nostrorum dedimus et damus fratribus domus Theutonice in Aldenburch in plenam atque perpetuam proprietatem villam dictam Plotendorf integraliter quam honesti viri Conradus et Heinricus de Sarowe a nobis in feodo possederant cum omnibus ad eam pertinentibus quocunque nomine censentur tam in villa quam extra villam usque ad cursum siue fluxum aque descendentis in conualle de foresta que uolgariter dicitur Camervorst que inquam aqua diuidit bona in Plotendorf et in Haselbach ut tollatur et procul pellatur omnis contentio et litigium quod possit ex utraque parte emergi in posterum et oriri nichil nobis et successoribus in prefata villa penitus reseruantes, volentes a nobis et ab omnibus heredibus huiusmodi donationem videlicet nostris libere et graciose factam inconuulsam inuiolabiliter irrefragabiliter inpermutabiliter obseruari. Super hac donatione presentem paginam conscribi fecimus nostri sigilli typario limpide consignatam cum testibus annotatis scilicet domino Theoderico patruo nostro burgrauio de Aldenburch, domino Alberto de Flugelsberch, Thiterico de Liznik, Heinrico de Coufunge, Alberto de Remse et aliis quam pluribus fide dignis. Datum et actum anno domini m. cc. lxxxij. v°. kalendas Maij.

(O. 1015. auf Pergament mit gut gehaltenem Siegel.)

V.

Die Burggrafen Dietrich II. und Heinrich IV. von Altenburg eignen dem Marien-Hospital des deutschen Ordenshauses in Altenburg im Jahre 1282 das Dorf Plottendorf mit allen Rechten und Nutzungen, sowie auch den Zoll in Treben (thelonium in Trebne), welcher zur Einnahme der Burggrafen von Altenburg gehörte.

Vergl. Urkunde Nr. XI.

Nos Theodericus et Heinricus filius fratris nostri Dei gracia burgravii in Aldenburch vniuersis ad quos presens scriptum peruenerit notum esse volumus, quod ob honorem Dei nec non intacte genitricis eius et propter salutem animarum nostrarum et progenitorum nostrorum contulimus et dedimus fratribus hospitalis sancte Marie domus Theutunice in Aldenburch villam dictam Plottendorf, quam a Romano regno tenuimus feodaliter quamque vir honestus Albertus dictus de Remse a nobis possederat similiter in feodo, cum omnibus iuribus que nobis tam in ipsa villa quam in suis campis in areis in agris cultis et incultis pratis silvis pascuis et omnibus aliis eiusdem ville fructibus competebant seu conpetere videbantur. Donauimus nichilominus supra dictis fratribus thelonium in Threbne, quod Volradus de Coldicz et predictus Albertus de Remse prescripti titulo feodi a nobis habuerunt. Nos quoque a regno Romano iam dicto tenuimus titulo cum omnibus suis fructibus cum prescripta villa perpetuo possidendum. Huius donationis nostre testes sunt dominus Fridericus senior de Schonenburch, dominus Vnarcus de Waldenburch, dominus Thimo de Korun et Thimo patruus suus, Gelfradus de Hugewitze miles et alii fide digni. Ad maiorem quoque huius rei certitudinem presens scriptum sepedictis dedimus fratribus nostrorum sigillorum robore communitum. Datum Aldenburch anno domini m̈ c̈c̈ lxxxij kalendas Maij.

(O. 1016. auf Pergament ohne die Siegel.)

VI.

Burggraf Heinrich IV. von Altenburg bestätigt eine von seinem Vater, dem Burggraf Albrecht III., dem Bergerkloster vor Altenburg früher gemachte Schenkung. Geschehen im Jahre 1282.

Zu Abschnitt III.
(Die Beamten der Burggrafen von Altenburg.)

Diese Urkunde ist dieselbe, als die in der Verwahrung des hiesigen Stadtraths befindliche, zu der das vornen abgebildete burggräfliche Wappen gehört.
Vergl. auch Wende a. a. O. III. S. 1075.

In nomine sanctae et individuae Trinitatis. Amen. Nos Henricus, Dei gratia Burggravius de Aldenburg, tenore praesentium recognoscimus et fatemur, quod literas bonae memoriae patris nostri Alberti, Burggravii de Aldenburg, ratas et approbatas gratanter vidimus et patentes audivimus in haec verba: In nomine Domini Amen. Albertus, Dei gratia Burgravius de Altenburg, Judex generalis in terra Plisnensi, a Domino Alberto, Thuringorum Landgravio et Saxonum Comite Palatino, terraeque Plisnensis Domino, constitutus, universis Christi fidelibus in perpetuum. Omnibus hoc scriptum intuentibus evidentius innotescat, quod, cum Ecclesia S. Mariae Virginis in monte prope Aldenburg ab initio fundationis suae totum Montem a decursu et contactu piscinarum, usque ad curiam quondam Gerhardi de Monte, pro dote et fundo suo cum omni jure et indicio tam vitae, quam mortis, usque ad tempora nostra, sine qualibet exactione seu vexatione, libere et quiete possedisset, Nos tandem in augmentum ejusdem dotis et fundi, non solum praefatam curiam a Timone De Lysnik nobis resignatam, verum etiam totum montem cum omnibus arcis supra vel infra ipsum constitutis, quarum incolae in judicio tam vitae quam mortis ad Henricum Stangen ex parte nostra dependebant, nobis et heredibus nostris nihil Juris in ipso Monte reservantes, jam dictae Ecclesiae in meram proprietatem contulimus, ita, ut quicquid inter aquam piscinae et Nasbusen et curiam quondam Henrici Schertingi et Lysaviam situm, vel etiam actum fuerit, quod judicio sisti debeat ad plenum pro vita et morte, ut nos ab Imperio habuimus. De foro et judicio Ecclesiae jam dictae. Hoc quoque juris ipsi Monti et incolis ejus ab antiquo introductum est, ut quicunque domicilum suum vendiderit, pro signo recessus et resignationis suae, domino feodi unum solidum dabit, quod et emtor faciet, si dignus est homagio Ecclesiae, cum praefentatur emtum domicilium in feodo recepturus. Praeterea quod fuerit respersus lupanari, vel alia infamia, quae vulgo Untat dicitur, convictus a duobus vel tribus suis convicaneis aliquoties, videlicet semel vel bis, prout Domino feodi visum fuerit, et delecti quantitas exegerit, nisi majori poenae adjudicandus sit, pro expiatione et emendatione tres solidos Domino feodi praesentabit. Nullus ergo unquam Judex aut Schultetus, aut quisquam officialium nostrorum ipsam Ecclesiam in suo jure et judicio per omnem proprietatem suam, et maxime in limitibus et metis sui fundi et totius Montis molestare praesumat, quam scimus et asscrimus, ut pote Regalem fundationem, omni libertate a Regibus et principibus sublimatam, adeo, ut nullis tribunalibus sisti debeat, sed, si quid quaestionis circa ipsam natum fuerit, hoc solum Regiae dignitati, vel saltem Principis, qui tunc pro tempore terris praefuerit, relinquendum est, secundum indulta Regum et Principum arbitrio. Ut autem haec certa perseverent in memoria, et incolvulsa permaneant paginam desuper fecimus Sigilli nostri munimine roborari. Testes sunt Cunradus de Zarow, Henricus de Zygelheim, Albertus de Lydelo, Johannes de Remse, Henricus de Studenschen, Milites, et alii quam plures. Acta sunt haec Anno Dom. 1275. Indictione tertia. Nos igitur Heinricus, Buregravius de Aldenburg, in horum omnium evidens testimonium et ratihabitionem perpetuam facta et scripta patris nostri cum omni sequela pietatis Sigillo proprio communivimus. Acta sunt haec Anno Domini 1282. Indictione X. Testes hujus consignationis sunt: Johannes de Trachenow, Albertus de Dewin, Th. de Gerstenberch, et alii quam plures fide digni.

VII.

Burggraf Heinrich IV. von Altenburg eignet im Jahre 1283 den Brüdern des deutschen Hauses zu Altenburg zwei vor der Stadt gelegene Hufen, welche Gerhard Eckeleip, ein Bürger von Leipzig, zur Lehn von ihm gehabt und jetzt freiwillig in seine Hände zurückgegeben hatte.

Zu Anm. 116.

In nomine domini amen. Nos Heinricus Dei gracia burgrauius de Cynnenberch omnibus Cristi fidelibus quibus presens scriptum datum fuerit intueri salutem in omnium salvatore. Cum nec longitudini temporum nec multitudini rerum sic sufficit humana memoria, vt que vel multa sunt apprehendere, uel que longeva sunt valeat retinere, datum est fragilitati humane per providenciam creatoris vt scripturarum amminiculis adiunetur, ne quod fideliter geritur negligenter opprimatur. Ad noticiam igitur tam presencium quam futurorum cupimus deuenire quod honestus civis in Lipz dictus Gerhardus Ekkeleip duos mansos ante ciuitatem Aldenburch sitos quos a nobis tenebat feodali tytulo ad nostras manus libere resignauit. Nos autem proprietatem eorundem bonorum videlicet duorum mansorum ob honorem Dei et sue matris Marie, sanctique Johannis Baptiste reuerenciam, necnon ad peticionem Heroldi ciuis in Aldenburch fratribus domus Theutonice in iam dicta ciuitate commorantibus contulimus pleno iure perpetuo possidendam. Ne igitur nostre donacionis libertas ab aliquibus nostris posteris irritetur, presentem paginam prelibatis fratribus de domo Theutonica dedimus sigilli nostri munimine roboratam. Testes huius rei sunt dominus Vlricus de Crimazcowe, dominus Conradus de Sarowe, dominus Theodericus de Lizenik, Rudolphus Coufman cum duobus filiis suis Volrado et Henrico, Johannes Coufman, dominus Rudolphus, dominus Henricus, Albertus, Conradus Longus fratres domus Theutonice et alii quam plures fide digni. Actum et datum anno domini m°. cc°. lxxxiij°.

(O. 1058. auf Pergament ohne Siegel.)

VIII.

Burggraf Heinrich IV. von Altenburg verzichtet im Jahre 1283, zu Gunsten Dietrichs von Leißnig, auf vier in dem Dorfe Glumen gelegene, ihm vom Reiche in Lehn gegebene Hufen, sowie auf alle Rechte und Nutzungen davon.
Zu Anm. 118.

In nomine sancte et individuo trinitatis amen. Nos Heinricus prefectus de Aldenburc omnibus ad quos presens scriptum pervenerit salutem. Recognoscimus quod quatuor mansos sitos in villa Glumin quos a nobis habebat Theodericus de Liznic tytulo feodali, presente domino nostro Theoderico lantgrauio iuniori qui tunc temporis exstitit index terre Plisnensis, libere resignauimus cum omnibus attinentibus, scilicet aquis pascuis ortis cum curia bono fauore manibus imperatoris ita ut supra scriptos mansos ab imperio eodem iure teneat et fruatur cum omni vtilitate rationabiliter atque rite. Vt autem nostra resignatio maneat stabilis atque rata prescripto Theoderico sigillo domini nostri lantgrauii iudicis terre Plisnensis et sigillo nostro in testimonium presentes litteras fecimus insigniri. Huius rei testes sunt dominus Theodericus prefectns de Altenburc dictus Schuliz, dominus Albertus de Blankenowe, dominus Conradus de Zarowe, dominus Vlricus de Crimachowe, dominus Wolradus de Coldiz, Heinricus de Coldiz eius patruus, Thymo de Chorungun, Johannes de Remse, Heinricus de Studenschen, Albertus de Lidulo et alii quam plures homines fide digni.

Acta sunt hec anno domini m̅. cc̅. lxxxiii. nono kalendas Maij.

(O. 1038. auf Pergament, die angeführten zwei Siegel fehlen.)

IX.

Die Burggrafen Dietrich II. und Heinrich IV. von Altenburg eignen dem Kloster Celle im Jahre 1284 die burggräflichen Güter in dem Dorfe Grisendorf, welche Reinhard Pugil, ein Dresdner Bürger, genannt Sirmer, von ihnen in Lehn gehabt hatte. Gegeben zu Dresden am 21. März 1284.

In nomine domini amen. Theodericus Dei gracia prefectus in Aldenburc omnibus in perpetuum. Cum ad instar aque fluentis tempora pretereant et quelibet acta quamquam rationabilia pariter cum temporum uicissitudine dilabantur congruum et expediens iudicatur, ut acta digna memoria calami officio et scriptorum ministerio futurorum noticie commendentur. Ea propter notum esse volumus tam posteris quam modernis presentium ex tenore quod nos contuentes affectum et fauorem domini abbatis et conuentus Cellensis monasterii, quem nobis ipsi diuersimode inpenderunt et huc usque nullo eisdem beneficio proinde respondentes tandem oportunitate nacta qualicumque omnia bona que a nobis habebat Reinhardus dictus Sirmer cum filiis ejus et vxor eiusdem nec non gener suus in villa que uulgariter Grifendorf nuncupatur quam ex diutina possessione tenuimus ab illustri principe domino Heinrico Misnensi marchione tytulo feodali resignamus simpliciter et sincere, supplicantes eidem principi hanc nostram donationem et resignationem dicte ville factam progenitorum nostrorum peccatis antefacto Cellensi monasterio proprietatis iuris collatione perpetuo confirmari. Qui votis nostris ex ingenita sibi annuens serenitate eidem monasterio memorata bona vna nobiscum contulit iure proprietatis in cuncta futura secula possidenda. Ut igitur huius nostre donationis irrevocabilis et voluntarie processus et tanti principis confirmatio et consensus robur obtineat perpetue firmitatis presentem paginam exinde confectam sigilli nostri appensione censuimus roborari. Datum et actum Dresseden anno domini m. cc. lxxxiij. xii. kalendas Aprilis. Testibus presentibus infrascriptis uidelicet domino Ottone prefecto de Wityn canonico Misnensi, magistro Adolfo notario domini marchionis, fratre Ottone conmendatore in Aldenburc dicto de Richowe, Heinrico de Serico, Sifrido de Schonenberc, Hermanno de Maltiz, Hermanno de Tannenvelt, Friderico magistro coquinae militibus et aliis quam plurimis tam clericis quam laicis fide dignis.

(O. 1067. auf Pergament mit Siegel.)

X.
Verglichen mit Urkunde IX.

In nomine domini amen. Heinricus Dei gracia Misnensis et Orientalis marchio vniuersis presentem literam inspecturis in perpetuum. Quoniam omnium habere memoriam diuinitatis pocius quam humanitatis existit, necesse est vt ea que ab hominibus rite et rationabiliter aguntur ne in obliuionem futurorum perueniant perhennentur testimonio litterarum. Notum igitur esse volumus tam presentis quam futuri eui Cristi fidelibus, quod cum monasterium de Cella ordinis Cysterciensis cum Reinhardo Pugile ciue nostro in Dresden in eo connenerit et tractauerit, quod idem Reinhardus villam Gryfendorf cum omni iure vtilitate et honore, sicut eam a nobili viro Theoderico burgrauio de Aldenburg dicto Zvlicz

dinoscitur possedisse in idem monasterium transtulerit. Nos post liberam eorundem bonorum resignationem per suam patentem litteram burgrauii Theoderici videlicet de Aldenburg in manus nostras factam ad diligentem eiusdem burgrauii instanciam eandem villam Gryfendorf et proprietatem eiusdem ville damus transferimus in predictum monasterium de Cella cum omni jure vtilitate honore judiciis, sicut eam dictus burgrauius a nobis quem admodum premissum est tenuit ab eodem monasterio perpetuo possidendam. In cuius rei euidens testimonium prefato monasterio presens scriptum dari fecimus sigilli nostri munimine roboratum. Datum Dresden anno domini m̄. cc̄. octuagesimo quarto quinto Kalendas Aprilis, presentibus nobili viro Ottone burgrauio de Wythin canonico Misnensi, Heinrico de Syden, Friderico magistro coquinae, Hermanno de Tannenuelt, Adolpho notario nostro et aliis quam pluribus fide dignis.
(O. 1068. auf Pergament mit beschädigtem Siegel.)

XI.

Aehnlich wie Urkunde Nr. V.

In nomine Domini amen. Quoniam ex mutacione temporum et generacionum transitu gesta hominum plerumque in obliuionem et ex obliuione in calumpniam rediguntur, opere precium est ut que in longeuam educenda sunt noticiam quibus subsistant nutrimentis memorie sustententur. Nos igitur Heinricus Dei gracia burchgrauius in Aldenburch una cum fratribus nostris Theoderico et Heinrico ad perpetuam per hos apices deferimus nocionem quod ob reuerenciam Dei nec non intacte genitricis eius et propter salutem animarum nostrarum ac progenitorum nostrorum contulimus et dedimus fratribus hospitalis sancte Marie domus Theutonice in Aldenburch in plenam atque perpetuam proprietatem villam dictam Plottendorf, quam honesti milites Conradus et Heinricus patrui dicti de Sarowe a nobis feodaliter possiderant cum omnibus usufructibus et iuribus que nobis tam in ipsa villa quam in ejus campis in areis agris cultis et incultis pratis silluis pascuis aquis et omnibus aliis ejusdem ville fructibus competebant seu competere videbantur. Donavimus nichilominus supra dictis fratribus theloneum in Trebene quod Thymo et Volradus fratres dicti de Coldiz atque eorundem heredes nec non Albertus dictus de Remse prescripti titulo feodi a nobis habere tenebantur cum omnibus suis attinenciis perpetue et iure proprietario possidendum. Huius nostre donacionis testes sunt dominus Theodericus burgravius in

Aldenburch noster patruus, dominus Albertus de Flugelsberch, Theodericus de Lyznich, Heinricus de Koufungen cum Alberto de Remse, preterea frater Otto de Rychowe, frater Heinricus et Rudolfus sacerdotes, frater Heckehardus de Milbus cum fratre Johanne de Artern et Alberto Wernher Conrado fratribus et aliis quam pluribus fide dignis. Ad maiorem eciam huius rei certitudinem presens scriptum conscribi dictis fratribus fecimus nostri sigilli munimine roboratum. Actum et datum anno domini m̊. cc. lxxxv. 11°. Kalendas Maii.

(O. 1097. auf Pergament, sehr beschädigt und ohne Siegel.)

XII.

Burggraf Heinrich IV. von Altenburg eignet dem deutschen Ordenshaus in Altenburg im Jahre 1285 eine in Slucz (Schlaudiz) gelegene Hufe mit allem Zubehör.

Nos Heinricus burgravius de Aldenburg dictus recognoscimus et protestamur presencium sub tenore, quod ob spem vite et retributionis eterne nec non in obolicionem nostrorum peccatorum dedimus in proprietatem sempiternam cum consensu fratrum et coheredum nostrorum vniuersorum vnum mansum situm in Slucz cum omnibus eidem attinentibus quem inquam mansum a nobis possedit Thitiricus de Liznicz fratribus viris religiosis domus Theutonice in Aldenburg iure proprietario perpetuo possidendum, tali condicione ut memoria nostri et nostrorum progenitorum apud eosdem fratres propter prefata bona ac alia bona ipsis prius a nobis donata et adhuc in posterum donanda iugiter et sollempniter habeatur, et ut nostra donacio liberaliter facta ab omni impedimento et accione qualibet pacifica permaneat et secura, presentem litteram desuper conscribi iussimus et nostri sigilli appensione firmiter confirmari. Testibus annotatis videlicet domino Heinrico, domino Thimone de Chorun dictis, domino Thitirico de Liznicz, domino Conrado de Sarowe, Heroldo scriptore, Rudolfo Coufmanno, Heinrico Clipeatore, fratre Johanne de Arthern, fratre Henrico de Crangesvelt et aliis quam pluribus fide dignis. Actum et datum anno dominice incarnacionis m̊. cc. lxxxv. vj kalendas Augusti.

(O. 1100. auf Pergament ohne Siegel.)

XIII.

Albert und Heinrich von Flügelsberg eignen dem deutschen Ordenshaus zu Altenburg im Jahre 1287 einen bei der Mühle zu Münsa gelegenen Garten.

In nomine sancte et indiuidue trinitatis amen. Nos Albertus et Henricus de Vlogilsberc vniuersis Cristi fidelibus in perpetuum. Quoniam more fluentis aque huius mundi figura preterit secum rerum gestarum memoriam in obliuionem rapiens necesse vtique est ut que memoria indigent quibus subsistent indiciis munientur. Nos igitur vniuersis notum esse uolumus quod vnum ortum situm ante molendinum in Minsowe qui ad nos et progenitores nostros pertinebat, ob meritum sancte deuocionis fratribus domus Theuthonice in Aldenborc manentibus omni iure ad nos pertinentem pie contulimus et deuote. Ne igitur huius facti memoria obliuione submergatur litteram hanc conscribi fecimus super eo et nostri sigilli munimine roborari. Huius rei testes sunt: Hertwich de Minsowe, Fridericus ibidem, Rihardus Molendinarius, frater Johannes de Artren, frater Cunradus Longus et quam plurimi fide digni. Datum Aldenborc anno domini m̈. cc̈. lxxẍ. vij. iij idus Octobris.

(O. 1182. auf Pergament mit gut erhaltenem Siegel.)

XIV.

Die Burggrafen Dietrich II. und Heinrich IV. von Altenburg eignen dem deutschen Ordenshaus und dem Johannis-Hospital zu Altenburg im Jahre 1288 die untere Mühle und einen beim Schlosse gelegenen Garten.
Zu Anm. 116.

In nomine domini amen. Nos Th. dominus in Rochsberc et H. dominus in Zinneberc burcrauii in Aldenburc omnibus Cristi fidelibus in perpetuum. Quoniam humana negocia more fluentis aque defluunt successione temporum in etates vnde rixarum suscitatrix obliuio generatur, necesse est utique ut que memoria indigent uoce testium et scripti quibus subsistent permanencia indiciis muniuntur. Nos igitur vniuersis presentis ac future etatis in Cristum credentibus notum esse uolumus, quod cum discreta deliberatione et maturo inter nos prehabito consilio inferius molendinum necnon unum hortum sitos sub castro Aldenburc ad nos et nostros progenitores pertinentes propter spem diuine remunerationis et in honorem pie genitricis Dei et virginis Marie sanctique Johannis Baptiste deuote dedimus fratribus domus

Theutonice ac hospitali apud sanctum Johannem in Aldenburc cum omni iure ad nos pertinente nulla execucioue nostrorum coheredum obstante titulo proprietatis perpetuo possidendos. Ne igitur vlli volenti quod absit fratres predictos super prememorato molendino et horto uidelicet impetere ex hinc de nostra deuota donatioue dubium oriatur presentem litteram dedimus nostrorum sigillorum indicio roboratam. Testes huius rei sunt Theodericus dictus de Liznik, Conradus de Zarowe, Henricus de Zigeleim, Theodericus de Gerstenberc, Johannes de Remze, Heroldus scriptor, Rudolphus dictus Koufman, Volradus Scultetus, Symon, Conzelinus dictus de Waldenberc et quam plures fide digni.

Acta sunt hec anno incarnationis domini m. cc. lxxx. viii. Nonas 11. Maii in die beati Johannis ante portam latinam.

(O. 1206. auf Pergament mit zwei gut erhaltenen Siegeln.)

XV.

Burggraf Heinrich IV. von Altenburg eignet dem deutschen Ordenshaus und dem Johannis-Hospital zu Altenburg im Jahre 1288 vier Hufen im Dorfe Mockern.

In nomine domini amen. Nos H. dominus in Cynnenberc burgrauius in Aldenburc omnibus Cristi fidelibus in perpetuum. Quoniam humana negocia more fluentis aque defluunt successione temporum in etates vnde vixarum suscitatrix obliuio generatur necesse est utique ut que memoria indigent voce uiuaci testium et scripti indiciis quibus subsistant permanencia munientur. Nos igitur vniuersis presentis ac future etatis in Cristum credentibus notum esse volumus, quod cum discreta deliberatione et maturo consilio necnon consensu fratrum nostrorum Th et H. et omnium quos portio nostre hereditatis iure contingere poterit quatuor mansos in villa dicta Mokeren, quos Th. dictus de Liznik a nobis et a nostris progenitoribus habuit, propter spem diuine remunerationis et in honorem pie genitricis et virginis Marie sanctique Johannis Baptiste deuote dedimus fratribus domus Theutonice ac hospitali apud sanctum Johannem in Aldenburc cum omni iure ad nos pertinente nulla executione in futuro nostrorum coheredum obstante tytulo proprietatis perpetuo possidendos. Ne igitur vlli volenti predictos fratres super predictis mansis impedire dubium ex hinc de nostra deuota donatione oriatur et ne cassare valeamus quod tam consulte et beniuole fecimus presentem litteram dedimus in munimen nostri sigilli indicio roboratam. Testes huius facti sunt patruus noster Th. dictus Zulis

burcrauius in Aldenburc, Th. de Liznike. Conradus de Zarowe, Henricus de Zigeleim, Th. de Gerstenberc, Jo. de Remze, Symon ciuis in Aldenburc, frater C. sacerdos, frater Jo. de Artren, frater C. de Zvichowe, frater Al. de Nenewitz et quam plures fide digni. Acta sunt hec anno domini incarnationis m̊. c̊c̊. lxxx viij. ij nonas Julij in octaua apostolorum Petri et Pauli.
(O. 1216. auf Pergament mit anhängendem Siegel.)

XVI.

Burggraf Heinrich IV. von Altenburg eignet dem deutschen Ordenshaus zu Altenburg im Jahre 1289 eine Hufe zu Lositz.

In nomine domini amen. Nos Heinricus burgrauius in Aldenburc dominus in Zinnenberc presencium tenore vniuersos Cristi fideles tam presentis quam future etatis scire volumus, quod Heinricus de Nodasitz (Rodasitz) mansum vnum, quem a nobis et a nostris proauis habuit in villa dicta Nodasize sub tytulo feodali, nostris manibus libere resignauit. Quem mansum fratribus domus theutonice in Aldenburc apud sanctum Johannem propter diuinam remunerationem maturo consilio et consensu omnium quos nostra hereditas contingere possit omni iure ad nos pertinente dedimus proprietatis iure perpetue possidendum. Ne ergo hanc nostram donationem in futuro quis friuolet, presentem litteram super eo scribi fecimus et nostri sigilli munimine roborari. Testes huius facti sunt Th. de Liznik, dominus Jo. de Remze, Jo. de Boindorf, frater Jo. de Artern commendator in Aldenburc, frater O. de Starkinberc, frater H. Cra. . et quam plures fide digni. Datum in Aldenburc anno domini m̊. c̊c̊. lxxx. viij.

Daß das Dorf Rositz bei Altenburg unter Nodasitz verstanden sei, geht aus einer auf der Rückseite der Original-Urkunde befindlichen Bemerkung hervor.
(Der Verf.)
(O: 1279. auf Pergament ohne Siegel.)

XVII.

Burggraf Heinrich IV. von Altenburg eignet dem deutschen Ordenshaus zu Altenburg im Jahre 1289 zwei bei dem Dorfe Nobitz gelegene Morgen.

In nomine domini amen. Nos Heinricus prefectus in Aldenburch vniuersis presentis et future etatis Cristi fidelibus notum fore uolumus, quia ob diuine remunerationis intuitum duo

iugera culte terre sita apud uillam dictam Nabditz et eidem
ville attinentia, que Gothfridus dictus Knewer ciuis in Aldenburc apud Heinricum dictum Paruum manentem in iam dicta
villa empcionis precio comparauit, fratribus domus Theutonice in Aldenburc residentibus cum consensu nostrorum
fratrum et coheredum maturo nostrorum fidelium consilio
cum omnibus etiam eisdem iugeribus attinentiis propriauimus
perpetuo possidenda. Vnde volumus ut quidquid super predicta duo iugera nostri fuit iuris hucusque ad predictam
domum et ad fratres eius deinceps debet integraliter pertinere. In cuius rei permanentem firmitudinem presentem
litteram super eo scribi fecimus et sigilli nostri munimine
roborari. Testes sunt Heinricus de Zigeleim miles, Wernerus List, Theodericus de Grost, Heroldus scriptor, Gothfridus Knewer, Rudolphus Koufman ciues in Aldenburc et
fratres domus prescripte. Acta sunt hec anno domini
m̅. c̅c̅. lxxx viiij. quinto nonas Maji.

(O. 1260. auf Pergament mit gut erhaltenem Siegel.)

XVIII.

*Burggraf Dietrich II. von Altenburg eignet im Jahre 1289 das
Patronatrecht über die Capelle St. Martin auf dem Schloß zu
Altenburg mit allen Rechten und Nutzungen dem Marien-Hospital
und dem deutschen Ordenshaus zu Altenburg.*

Zu Anm. 116.

Theodericus Dei gracia burgrauius in Aldenburg omnibus
presentes litteras inspecturis salutem in domino sempiternam.
Ne longevi temporis obliuio posteris inducere valeat dubitacionis scrupulum et erroris, expedit ut gestarum rerum memoria per scripturam autenticam confirmetur. Nouerint igitur
uniuersi tam presentes quam posteri et futuri, quod nos
Theodericus burcgrauius predictus cum heredum nostrorum
consensu vnanimi ob Dei reuerenciam et honorem ac ejus
genitricis gloriose uirginis Marie nec non et pro parentum
nostrorum remedio animarum ius patronatus capelle sancti
Martini in castro Aldenburg site hospitali sancte Marie et fratribus domus Theutunice sancti Johannis Baptiste ibidem in Aldenburg contulimus dedimus et damus tradimus ac donamus cum
omnibus prouentibus fructibus ac vtilitatibus pertinentibus
ad eandem omni iure quod nobis et heredibus nostris in
dicta capella competebat libere et perpetuo possidendam.
Et ut hec nostra donacio rite et rationabiliter facta perpetui
roboris obtineat firmitatem et a nobis nostrisque heredibus
et successoribus vniuersis permaneat inconcussa presentes

litteras conscribi fecimus et domui et fratribus antedictis dedimus nostri sigilli munimine roboratas Acta sunt Aldenburg anno domini m". cc. lxxxix. in vigilia sancti Jacobi apostoli. Presentibus et in testimonium aduocatis domino Heinrico de Cynnenberg burgrauio, domino Johanne de Erdmarsdorf et filio ejus, domino Heinrico de Coldize, Theoderico de Lyznic, et aliis quam pluribus fide dignis.
(O. 1267. auf Pergament ohne Siegel.)

XIX.

Burggraf Heinrich IV. von Altenburg überläßt dem deutschen Ordenshaus zu Altenburg im Jahre 1289 die ihm an dem Sebisch-Holz zugeſtandene Berechtigung.

Nos Heinricus Dei gracia prefectus in Aldenburch vniuersis tam presentis quam future etatis Cristi fidelibus presens scriptum perspicientibus uel et legere audientibus notum fore volumus, quod maturo consilio nostrorum fidelium simul et consensu nostrorum coheredum lignum et agros situm et sitos in Zebitzh, quod et quos Thymo de Chorun a nobis titulo feodali habuit, cum omni iure ad nos pertinente fratribus domus Theutonice apud sanctum Johannem in Aldenburch propriamus perpetuo possidenda. Nos etenim hoc factum egimus tacti diuine miserationis gratia et instructj. Ne igitur superuenientium ulli dubium siue error generetur super eo presentem litteram scribi fecimus et scriptam eam dedimus nostri sigilli indicio et munimine roboratam. Testes sunt Theodericus de Liznik, Thimo de Chorun, Heinricus de Zogeleim, Theodericus de Grosth, Gebehardus de Zedelicz et quam plures fide digni. Acta sunt hec anno domini m. cc. lxxx. nono quarto kalendas Augusti.
(O. 1269. auf Pergament mit Siegel.)

XX[1].

König Rudolph von Habsburg belehnt den Burggraf Dietrich II. von Altenburg mit dem dortigen Burgamt, sowie mit allen von Alters her dazu gehörigen Rechten. Zu letzteren gehörte der noch vorhandene Mantelthurm im Schloßhof zu Altenburg.
[Gegeben zu Erfurt 1288.]

Rudolf von Gotis gnaden Romis kunik alle schit en merer des richis bekennen an disme kewerdigin brive vnde tun kunt allen den di in gesen odir horen lesen, daz wi

deme edilen manne burgreuen Ditiriche von Aldenburch
habin geligen daz burchamecht zu Aldenburch mit alle deme
rechte alse da zu geborit vnde von aldire da zu gehort hat
eweclich zu besizzine im vnde allen sinen nachkumilingin.
zu dem burchamechte gehorit der turm mit deme mantile
zu Aldenburch vf deme hus vnde der hof da he inne lit.
Der burgreve hat ovch gerichte vbir lip vnde vbir gut vbir
alle daz hus vnde in allen hofen, an in des richis hof
alleine. Zu deme burchamechte gehorit ovch di stat zu
Naishusen vnde daz holz daz da heisit di Lizan, vnde achte
hofe zu Powirditz, vnde der nidirste tich, vnde der burchberc alume das hus wis an die mure. Da hat der burgreue
ouch gerichte vffe vbir lip vnde vbir guth wis halben wec
uf di brucke gen der stat. Zu deme burchamechte geborn
ovch virschen phunt weichter pheninge di sullen gereit sin
an sente Bartholomeus tage, da sal der burgreue sine boten
nach senden vnde wer der pheninge nicht gereit hat den sal
der bote phenden vor drissic schillinge vnde in darf das
phant nicht zu borge geben he vorsetzzis vor drisic schillinge vnde vor di pheninge davon sal der burgreue halden
vir weichtere vf deme hus zu Aldenburch. Da zu gehorn
ovch schvelf scheffile torweis vnde nach deme scheffile ein
schilline, davon sal der burgreue ein torwarten halden an
deme vsirsten tore. Da zu gehorn ovch schesschenhundirt
scheffile getreidis daz da heisit burckorn, daz sal sin halp
rocken vnde halp habire. Daz selbe burckorn daz sal sin
gereit zu sente Michabelis tage. Da noch sal der burgreue
sine boten senden vnde sine waine vf daz gut da von man
daz burckorn gibt. Dazselbe getreide sal man messin mit
deme burchscheffile der sal sin bodimlos vnde des burcgreuen
bote sal daruf hufen waz daruf gehen mac. Wenne des
burchgreuen bote daz burckorn vordirt nach sente Michabelis
tage, wer des nicht gereit hat, der sal is vor sente Mertins
tage vf daz hus zu Aldenburch brengin in des burgreuen
hof. Wer des nicht intut, so sal der burgreue sine boten
senden vnde sal lassen phenden vor daz korn vnde vor
drisicschillinge vnde der bote darf das phant nicht zu borge
geben hen vorsetzis vor sin korn vnde vor drisic schillinge,
vnde von welchime gute burckorn gevallen sal, erbiten daz
rittire adir rittirmessige lute mit irs selbis phluge di sint
burckorns ledic, erbitins abir lenlute adir koflute adir gebure di sullen is geben. Zu deme burcamechte gehorit ovch
also vil alse der burgreue holzis darf zu buene vnde zu
burne, das sal he howen in des riches vorsten in der Line
vnde in deme Kamer vorste vnde in deme Tirgarten. Derselbe burcgreue hat ovch daz recht, wer gut zu Plissen ime
lande von deme rich hat der daz vorkoffin adir lasen adir
sime wibe dingen wil, daz daz also gute kraft hat vor im

alse ab daz riche zu genwerdic were ab man des richis
nicht gehaben mac, da sullen des riches dinstman schvene
bi sin. Der vorgesprochin rede sint geschuk der edile man
burgreue Friderich von Nurenberc, der greue Ludewic von
Notingin, der greue Ebirhat von Kazzenelbogen vnde der
alde voit Henrich von Plawen vnde sin sun voit Henrich
von Plawen den man der Beme nennit, unde sin sun voit
Henrich von Plawen den man der Ruse nennit, vnde der
rittir her Jan von der Syden der zu Korun is gesessin vnde
andirre bidinbir lute vil. Dirre brif ist gegeben zu Erffurte
in der stat noch der geburt vnsis herren Gotis thusint iar
vnde schvei hundirt iar in deme nun vnde achschigisten iare
an dem abende des heiligen schvelfboten sente Thomas.
(O. 1276. auf Pergament mit beschädigtem Siegel.)

XX².
Aus Wagners Collectaneen Bd. I. B. Nr. 14.

Burggraf Heinrich IV. zu Altenburg bestätigt im Jahre 1290
die von seinen Vorfahren dem Bergerkloster daselbst zugeeigneten
sieben Häuser in der Vorstadt Pauritz (ehemals Eigenthum der
Burggrafen von Altenburg). In dieser Urkunde wird auch der
Begräbnisse seiner Familie in der Capelle St. Catharina des
Bergerklosters gedacht.
(Vergl. auch Urkunde XXV.)

In nomine domini amen. Heinricus dei gratia Burgravius
de Aldinburc universis Christi fidelibus in perpetuum. Cum
sit deus illuminator omnium gentium, ut populis suis perpetua pace et luce gaudere tribuat, solent homines eterne
pacis et lucis affectionem habentes pro gloria dei et sanctorum suorum continuare seu preparare lumina, ut internis et
externis fugatis tenebris apprehendant lumen in pace splendidum, quod trium majorum fuit olim mentibus aspiratum.
Igitur bone memorie avus noster Albertus Burgravius in
Aldinburc simul et pater noster ejusdem nominis et ibidem
prefectus eterne lucis et pacis affectionem habentes, dudum
contulerunt ecclesie Sancte Marie virginis in Aldinburc in
meram et liberam proprietatem septem areas ante valvam
civitatis Aldinburc contra Pouwirdicz ad dextram exitus
ejusdem valve sitas et piscinis contiguas, quas a valva civitatis cum molendinis et tota semiplatea illa, usque in
Pouwirdicz in sua proprietate et judicio ratione jurisdictionis curie nostre in castro Aldinburc habuerunt liberaliter ab
antiquo. Harum autem arearum censum pro luminaribus tam
in monasterio quam in capella Sanctae Catherine super

sepulcra nostra cremandis per custodem prefati ecclesie statuerunt fideliter erogandum.

Sicut antem hec media platea, ad eos pertinuit et adhuc in quibusdam areis ad nos pertinet sic medeam plateam ex adverso sitam preter curiam N. Cormeger dotis ecclesie Sancti Bartolomei cum testimonio proborum et antiquorum virorum asserimus olim liberaliter exstitisse. In horum testimonium presentem paginam una cum patribus nostris, Theoderico de Rochisberc, Al. et H. de Vlugilsberc sigillis nostris dedimus communitam. Testes sunt Counradus de Zarowe; Johannes de Remese; Theodericus de Gerstenberc; Eberhardus Pipper, milites; Johannes de Boyndorf; Theodericus de Grost et alii quam plures. Acta sunt hec anno domini Millesimo CC nonagesimo. Indictione tertia.

XXI.

Burggraf Albrecht IV. von Altenburg eignet dem deutschen Ordenshause zu Altenburg im Jahre 1291 sechs in dem Dorfe Jauern gelegene Hufen, vier ebendaselbst, gewöhnlich Supen genannte, und zwei in dem Dorfe Corbiß gelegene Hufen.

Testamentum suum non recte videtur disponere qui terrenis tantum testatur heredibus et non facit Cristum sue substancie conheredem. Nouerit igitur modernorum noticia et posteritas futurorum, quod nos burgrauius Al. dictus de Aldenburch consensu filii nostri et uxoris ... jmmo omnium heredum nostrorum bono et beniuolo accedente sex mansos sitos in villa Jauren, quatuor que Supen uvlgariter nuncupantur et duos in villa Corbiz, quos ille de Cedeliz a nobis tenuit titulo pheodali, ordini fratrum domus Teutonichorum contulimus jure proprietario perpetuo possidendos Renunctiantes omni juri, quod nobis seu nostris heredibus in eisdem in presenti posset contingere vel futuro. Pro tanto siquidem ut anime nostre memoria jugis et indeficiens et dilicte nostre uxoris Sophie que mortis nexibus est depressa et illius que adhuc vitali spiritu vegetatur et salubriter habetur. Huius rei testimonium sigilli nostri munimine perhibemus in testimonium adduximus nomina subscriptorum, jnclitum principem dominum Heinricum filium lantgrauii Thuringie, Godescalcum de Hogeniste cum suo fratre H., Albertum de Lidelo, H. de Stodenscen, Johannem de Remese milites, Thimonem de Corun et alios plurimos fide dignos. Actum et datum anno jncarnacionis dominice m. cc. ... xj. mense Junio in die sanctorum apostolorum Petri et Pauli jndictione .... regnante Rodolpho rege serenissimo Romanorum.

(O. 820. auf Pergament ohne Siegel.)

XXII.

Die Brüder, Markgraf Friedrich zu Meißen und Markgraf Dietrich in der Lausitz, vereinigen sich zu einer schiedsrichterlichen Entscheidung über alle ihre Irrungen.
Pegau, den 18. April 1293.
Zu Anm. 89.

Wy margrave Friderich von gotes gnadin zu Mysne und wy Dytherich von denselbin gnadin margrave in Lusizer lande bekennen an disem offen brive, daz wie gelobit und gewillekort habin einen tac zu haltene zu Mark Nuenburg an deme nesten mantage usgende der phincstwochin di nu zu kumftich ist, dannen nicht zu kummene wy en si be richtet mit ein ander nach der sechser und des ubermannes besceidinunge und nach den briven di da selbis gegebin wurdin an dem dynstage vor palmen in alle der wis also si uns soldin besceidin haben zu Pygov. Wie gelobin ouch was di selbin sechs man di wy ge korn habin und der uberman di bi namen gescribin sten in den vor genanten briven di ge gebin sint zu Nuenburg zvy uns di be sceidin mit gotes hulfe nach minnen oder nach rechte daz wy daz stete haldin, ge see abir daz, daz su uns mit rechte oder mit eidin besceidin musten des in sul wie nicht deste gehessiger si einander noch unse sune und unse landvrede den wy gezworn habin sal da von nicht ge swachit werdin noch ge brochtin. Wie margrave Dytherich zyen unser beider vetirn margravin Friderich von Dreseden in unse sune und in unsen lantwride also waz di vor genanten sechse und der uberman zwischin unsen bruder und ime besceidin, daz suln si beide stete haldin. Daz berchwerch zu Vryberg sal der voit von Plawe inne habin in alle der wis also he us her ge habit hat bis anden selbin tac der da zu Marknuenburg sin sal. Daz wyr dise rede ganz und stete haldin des ver binden wi uns bi vor lust alles unses vater erbis, daz nach sime tode uffe uns valle solde und bi des pabist banne und bi des riches achte uber daz setze wy beide unse phant da vur, wy markgrave Fryderich setzin Burne und swas darzugehorit und unse dirte teil zu Growts, wy margrave Dytherich setzin di zveiteil Growts und unse hus zu Sathin mit alle deme daz darzugehort also swylich unser breche chein der stucke di hy vor gescribin sten deme suln sine phant vur lorn sin und dem andern gewunnen. Des habe wy gesatz vier man und ein uberman ubir di phant su zu antwertene deme der da bestandin ist. Wy marcgrave Friderich setzin Heinrichin von Koldiz und Heinrich von Trebezin, wy margrave Dytherich setzin Herman von Sconenburg und Volratin von Koldiz. Zveitin sich di vire sal Voit

Heinrich von Plawe ein ubermann si, sveme der gestet der sal behaldin habin, gesche an yme ich, davor in got behute, so sal sin sun Heinrich di selbin gewald habin. Discr rede sin ge zuc von unser weygen marcgravin Friderichs di edeln lute burgrave Alber von Lysnich, burgrave Dytherich von Aldenburg, Voit Heinrich von Plawe der elter und sin sun, Unarg von Waltinberg, Heinrich von Koldiz, Heinrich von Trebezin, von unser weygen marcgraven Dytherichs der edelmann grave Friderich von Rabinswalt, bruder Helwich von Goltbach der lantkumptur, Herman von Myla, Gunther von Slatheim, Reinhard von Srele, Hermann von Sconnenburg und andre gnuc erhafter lute. Dise brif ist gegebin zu Pygov in der stat nach gotes geburthem tusent iar zvei hundirt iar in dem drin und nunzigisten jare an deme sunabinde vor sente yurgin tage.

(Nr. 1421. des Haupt-Staats-Archivs, auf Pergament mit den zwei gut erhaltenen Siegeln.)

XXIII.

Burggraf Dietrich II. von Altenburg eignet dem deutschen Ordenshause zu Altenburg im Jahre 1296 drei Scheffel Roggen, drei Scheffel Hafer und neun Denare jährlichen Zinses in dem Dorfe Kürbitz.

Nos Theodericus Dei gracia burgranius de Aldenburg omnibus fidelibus tam presentis eui quam futuri prospere deducere vite tempora utriusque solent plerumque acta modernorum labente tempore per obliuionem et ignoranciam ad interitum tendere si non fuerint noticia testium ac scripturarum serie firmiter solidata. Hinc est quod hac pagina recognoscimus et publice protestamur, quod ex bona voluntate et consensu consilioque patrui nostri Theoderici et vniuersorum heredum nostrorum damus et dedimus rationabiliter fratribus domus Theuthonice in' Aldenburg tres modios siliginis et tres auene et nouem denarios censuales in villa dicta Curbitz cum omni iure sicut nos habuimus ob honorem Dei et Marie virginis gloriose nec non in abolitionem nostrorum peccaminum tytulo proprietario possidendos et ut nostra donatio a nullo violari valeat vel cassari presentem litteram desuper conscribi fecimus nostrorum sigillorum appensionibus consignatam ad pleniorem siue firmiorem euidenciam huius rei, adiunctis testibus fidelibus et honestis scilicet fratre Johanne de Arthern, fratre Sifrido de Hallis, fratre Johanne de Zuichowe sacerdotibus, fratre Conrado de Zuichowe, fratre Gotfrido de ... neben, fratre Con-

rado de Gluchowe, Heinrico Sculteto, Heinrico monetario, Johanne Coufmanno et aliis quam pluribus fide dignis. Datum Aldenburg anno incarnationis domini m̊. c̊c̊. nonagesimo sexto secundo nonas Augusti.
(O. 1514. auf Pergament, das gut erhaltene Siegel ist abgerissen.)

XXIV.

Dietrich, Sohn des Burggrafen von Altenburg Albrecht, überläßt seinen Vettern Albrecht und Dietrich alle seine Güter. d. 30. Mai 1299.

Zu Anm. 77.

Actiones huius mundi sepius in oblivinionem eveniunt tempore succedente nisi scriptis et testibus caveantur. Nos igitur Theodericus, Alberti quondam in Aldenburch burgravii felicis memorie filius, tenore presentium publice protestamur quod omnia bona iure hereditario ac feodali ab imperio possessa undique sita proprio motu ac voluntate omni exceptione et impetitione remota dilectis patruelibus nostris Alberto et Theoderico filiis patrui nostri Theoderici burgravii in Aldenburch commorantis in Rocbsberch coram nobili domino Burchardo in Meydeburch burgravio per terras Misenenses et Plisenenses iudici generali a domino rege Bohemie constituto in castro Aldenburch rite et rationabiliter resignavimus in hiis scriptis et cum omni iure quo eis usi sumus resignamus hactenus possidenda. Homines etiam nostros fide et omagio nobis astrictos antedictis nostris patruelibus resignamus ut eum respectum, quem ad nos habuerunt ipsi nostri homines ad nostros patrueles habeant prenotatos. In huius facti testimonium inviolabile presentem litteram ipsis dedimus nostri sigilli appensione communitam. Istis testibus presentibus: domino Burchardo burgravio Meydeburgensi, domino Heinrico de Kolditz ibidem commoranti, domino Cunrado de Sarowe, Heinrico dicto Stange, Thammone de Pruzk, Theoderico de Genese, Hartungo de Gabelenze, Jenchino de Elwinstorf, Ludewico Hyrco et aliis quam plurimis fide dignis. Acta sunt hec anno domini MCCIXXXXVIIII I̊I̊I kalendas Junii.

(O. 1610. auf Pergament mit Siegel.)

XXV.

Burggraf Albrecht IV. von Altenburg bestätigt dem Marienkloster zu Altenburg im Jahre 1301 die demselben von seinen Vorfahren ertheilten Privilegien.

In dieser Urkunde ist auch das burggräfliche Erbbegräbniß vor dem St. Katharinen-Altar in der Kirche des Bergerklosters zu Altenburg erwähnt.

Aus Mencke Theil III. S. 1180.

In nomine Domini Amen! Albertus, Dei gratia Burggravius de Aldenburg, omnibus hanc paginam inspecturis in perpetuum. Quia carnis resurrectionem nostri progenitores inter septa Ecclesiae S. Mariae V. in Aldenburc expectant, & nos, Deo volente, expectare cupimus; salutis judicium nobis est, si ipsam Ecclesiam, utpote gremium cineris nostri, diligamus, ita, ut eam etiam a malivolorum incursibus protegamus. Igitur, quia pietas hominum, heu, nititur in contrarium, ut, quod devote datum est Ecclesiis, quam pluries subtrahatur ab iniquis & impiis, ficta ignorantia, vel aliquolibet errore caecatis, ne quis successorum nostrorum immemor salutis, tam nostrae, quam suae, calumniam ingerat, vel saltem irruat in bona, quae nostri progenitores praefatae contulerunt Ecclesiae, in perennem sui tutelam, & nostri felicem memoriam, ea nominatim, sicut non solum ex privilegiis desuper impetratis, verum etiam ex relatione bonae memoriae dilecti Patris nostri, Alberti, Burggravii de Aldenburg & seniorum militum suorum, patenter agnovimus, sic huic paginae decrevimus annotare. Ut ergo bonum principium finis subsequatur optimus, a Proavo nostro piae recordationis Heinrico, quondam Burggravio in Aldenburg, incipimus, primordia beneficiorum nostri Generis enarrantes. Hic in initio fundationis ipsius Ecclesiae pro fundo Monasterii, & ambitu caemiterii & structurae adjacentis, & populi circumsedentis, totum Montem cum metis et limitibus suis aquas attingentibus, cum omni jure & judicio, tam vitae quam mortis emunitati tradidit per manum Gloriosi Domini Romanorum Imperatoris, Friderici primi, qui ejusdem monasterii fundamenta devote inchoans, mediante Rudolpho, Milite, dicto de de Aldenburg, Imperialis Curiae Marscalco, opus coeptum de bonis Imperii pia munificentia consummavit: nihilominus in dotem ei tribuens tres Mansos, monti adjacentes, & duos ortos, & agros, qui Hundesberc vocantur; quae omnia jam dictus Rudolfus exemerat ab Heinrico, Milite, viro nobili dicto Plisnero, & per manum praefati Imperatoris, una cum praedio suo in Minowe, & allodio, quod Crebschowe dicitur in meram proprietatem ipsius monasterii dotis nomine perennavit. Licet antem haec de jure Antecessorum nostrorum non fuerint; nos eorum tamen meminimus, propter dilectionem Montis & Monasterii, cui in dotem perpetuam sunt collata. Demum vero quatuor mansos, Castro & Lysaviae adjacentes, quondam Antecessorum nostrorum, rite & rationabiliter adepta est Ecclesia, & nunc juste possidet; quia eos bonae memoriae Avus noster, Albertus, Burggravius de Altenburg, ipsi Ecclesiae & Praeposito suo, nomine Gerhardo, olim vendidit pro nonaginta quinque Marcis: quam pecuniam expendit in obsequio Gloriosi Domini Romanorum Imperatoris Friderici Secundi, qui ipsos Mansos ad preces & voluntatem jam dicti Avi nostri in meram proprietatem Ecclesiae contulit, & in restaurum eorum Civitatem Lopschitz, sibi haereditarie porrexit, quam tandem Civitatem Pater noster Heinrico, Militi, dicto de Scheschowe, vendidit, & sicut Avus noster patrem nostrum privavit Mansis; sic Pater noster Civitatem eandem nobis reddidit alienam. Item quinque Mansos, cum ortis et areis, attinentibus, in limitibus Stenewize sitos, jure justeque jam dicta possidet Ecclesia, quibus quondam ab Avo nostro infeodatus erat Andreas, Miles dictus de Lisavia, qui tandem eos ipsi Ecclesiae & Praeposito suo, nomine Heinrico, vendidit, & resignationem eorum ab Avo nostro impetravit; qui per Gloriosum Imperatorem Fridericum Secundum, memorans extremum obitus sui diem, eos in proprietatem ipsi Ecclesiae obtinuit elargiri. Tres etiam Mansos in villa Gnaswiz sitos, cum suo principali censu, videlicet duobus talentis & duodecim Solidis, Avus noster pro se & patre suo, nomine Testamenti eidem Ecclesiae contulit in usum Infirmariae & Custodiae. Et Pater noster eorundem Mansorum secundarium Censum, qui Castrensis dicitur, videlicet Siliginis tres Modios, & avenae tres, cum novem denariis, pro quatuor Marcis ipsi Ecclesiae vendidit, luminaribus Monasterii profuturos. Item pater pro Salute propria, & patris sui, Avi nostri, Anniversario, in Vigilia S. Bartholomaei peragendo, eidem Ecclesiae contulit tres Mansos, in villa Lubewiz sitos, nomine testamenti, cum omnibus suis usufructibus, principalibus & secundariis; de quibus decem Solidi ad Luminaria Capellae Sancti Martini in Castro dantur, de parte vero residua viginti quinque Solidi ad consolationem Dominis ministrantur, & quinque Solidi pauperibus ante fores Ecclesiae distribuuntur, & de duobus Solidis per Custodem candela, quae per noctem ardeat, praeparatur. Insuper de tribus Modiis Siliginis & tribus avenae, & novem denariis, lumen nocturnum a Custode comparari debet, quod singulis noctibus in Sepulchro patrum nostrorum ante Altare S. Katharinae ardens in perpetuum perseveret. Ex hinc bonae memoriae Frater noster, et suus filius, noster Patruus, Heinricus, Praefecturam regebant, qui omnem decimationem & decimam & quemlibet censum quocunque nomine nuncupatum, de bonis Feudalium suorum eidem Ecclesiae delegatione fidelium derivatum vel derivandum approbaverunt & ratificaverunt, & reliquum Montis, videlicet eam partem, quae ad jus & judicium tam vitae quam mortis, ad Heinricum, Militem, dictum Stangonem, pertinebat, nihil omnino census vel juris sibi & heredibus suis reservantes, vel cuiquam permittentes, praefatae contulerunt Ecclesiae. Unus nunc mons totus, cum omnibus areis super vel intra ipsum constitutis, est Ecclesiae, ita, ut quicquid inter aquas piscinarum & Naushusen & Lysaviam, situm sit, cum omnibus incolis suis pro vita & morte judicandis, ipsius Ecclesiae mera proprietas judicetur. Hoc etiam jure censentur cum suis incolis omnes areae, quas a valva Civitatis contra Pordize usque ad contactum piscinae nostrae sub Castro, jam dicta possidet Ecclesia; quia eas nostri Progenitores, sicut & montem nihil omnino Census vel juris sibi & haeredibus suis reservantes, vel cuiquam permittentes, eidem Ecclesiae libere contulerunt. Hunc etiam Fratrem nostrum cum suo filio, novimus jam dictae Ecclesiae contulisse duo talenta nummorum in Moneta Aldenburg; quorum unum Infirmariae & necessitatibus langventium, Dominorum deserviet; reliquum vero laboribus Matutinalis Missae, quae in Ecclesia S. Bartholomaei dicitur, est asscriptum. Insuper hi duo praefatae Ecclesiae contulerunt duos Mansos, & tres agros & quartale in Rotyn sitos, quos ab eis Johannes Miles de Remse, & Heinricus de Kemnitz, Cives in Altenburg, jure possederant feudali. Praeterea jam dictus Patruus noster eidem Ecclesiae contulit unum feodum in Longaluben, solvens unam Marcam in Anniversariis, Alberti de Dewin, Militis, & Dominae Juttae, uxoris suae, Conventui ministrandam. Alios etiam reditus ibidem sitos talentum solventes idem Patruus noster, pro Heinrico de Coufungen, eidem Ecclesiae contulit, nomine testamenti. Novissime vero cum ad nos & patruos nostros ventum sit, ut in ordine vicis nostrae, & spe salutis animarum nostrarum ab eadem Ecclesia inveniamur munifici, cum ratihabitione omnium antedictorum, dextram ei porrigimus in collatione agrorum unius Mansi & dimidii in Rotyn sitorum, quos Ludewicus, dictus Hircus & Cunradus frater suus, a nobis tenuerunt in feodo. Praeterea unum ortum in Pordize situm, in annuo censu unum talentum solventem, quem Hermannus de Cygelheim, & demum Henricus, Monetarius in Aldenburc, a nobis in feodo habuit, jam dictae Ecclesiae contulimus proprietatis nomine possidendum. Haec enim omnia, singula & universa, ita fideliter conscribi fecimus, ut omnem ausum repetendi & impetendi, seu aliquo modo ea molestandi, cunctis pūels nostris, & universaliter omnibus eorum heredibus, amputemus, praesertim cum in his omnibus Antecessorum nostrorum collatio, & nostra subsequens ratihabitio, per Reges & Principes, ut ipsi vidimus

& audivimus, eidem Ecclesiae sit legitime confirmata. Ut autem haec certa regantur memoria, praesentem paginam desuper dedimus, sigilli nostri munimine roboratam; quam etiam Albertus, Filius noster, dictus de Rochsperg, pro se, & Fratre suo, Theodorico, & heredibus eorum, sigillo proprio consignavit. Testes horum sunt: Fridericus de Schonenburg, terrae Plisnensis Generalis Judex. Insuper Eberhardus, dictus Piper; Heinricus, dictus Stango, Milites. Cunradus & Heinricus de Zarow, Johannes & Heinricus de Kurbize, Johannes de Boindorf, Heinricus de Studenschen, Godfridus de Melre, Castrenses in Altenburc, & alii quam plures. Acta sunt haec Anno Domini M. CCC. primo, Indictionis anno quarto decimo, Domino Alberto, Rege Romanorum regnante feliciter. Amen.

XXVI.

König Ludwig beleiht den Burggraf Albrecht von Altenburg und dessen Tochtermann, Otto Burggraf von Leißnig, in gesammter Hand mit den Lehen, die Ersterer vom Reiche hat.
Nürnberg, d. 7. Mai 1323.
Zu Anm. 108.

Wir Ludowich von Gotes genaden Romisher chunich ze allen zeiten merer des riches verieben offenleich an disem brief, daz wir dem edelen manne Albrecht dem purchgraven von Altenburch und Otten purchgraven von Lysenich seiner töchter man mit gesamter hant verlihen haben allir die lehen die der vorgenant Albrecht von dem reiche gehabt hat und ze recht haben sol. Dar uber ze einem urchünd geben wir in disen brief mit unserm insigel versigelten, der geben ist ze Nurenberg an dem samtztag nach dem auffert tag do man zalt von Christes geburtt dreuczehenhundert jar darnach in dem drei und zwainczigsten jar, in dem neunden jar unsers riches.

(Nr. 2267. des Haupt-Staats-Archivs.)

XXVII.

Landgraf Friedrich beleiht die Burggrafen Albrecht von Altenburg und Otto von Leißnig dessen Schwiegersohn zu gesammter Hand mit allen Gütern, die sie beide von ihm haben.
Wartburg, d. 5. October 1323.
Zu Anm. 108.

Wir Frederich von Gots gnadin lantgreve zcu Duringen marcgreve zcu Mysne und in dem Osterlande unde herre in

dem lande zcu Plysen bekennen an disem offenen bryfe
unde tun kunt allen luthen di yn gesehen oder horen lesen,
daz wir den edelen hern hern Albrechte burcgreven von
Aldenburg unde hern Otten burcgreven von Lyzznik sinem
eydeme alliz yr gut, daz si beyde von uns haben, gelegen
haben zcu gesamenter hant zcu rechteme lehen in sulcher-
wis welcher zcum ersten abegeit oder abestyrbt, daz denne
sin gut alliz soll vallen uffe den andern und uffe sine erben
unde von uns danne yr beyder gut sol haben zcu rechteme
lehen daz wir daz yn beydersit wollen stete unde gantz
halden ane argelist. Des geben wir yn disen bryf zcu
bekentenisse vorsegelt mit unsem jnsegele. Dar zcu sint
is gezeuge: di edeln hern greve Henrich von Swarzburg
der eldiste, her Otte unde her Otte von Bergowe di gebrü-
dere, her Henrich der iunge voyt von Plawen der da heyzt
Ruzze, her Henrich der eldere voyt von Gera und Johans
Grozze von Sewtschin unde ander luthe vil di daz sahen
unde hörten. Dirre bryf ist geschriben unde gegeben zcu
Wartperg nach Gots geburt thusent jar dryhundirt jar in
dem dry undzweuczgisten jare an der nebesten myttewoche
nach sente Mychels tage.

(Nr. 2281. des Haupt-Staats-Archivs.)

XXVIII.

**Landgraf Friedrich beurkundet, daß ihm die Burggrafen Al-
brecht von Altenburg und Otto von Leisnig gewisse Abentrichtungen zu Leipzig, Freiberg und Großenhain abgetreten, wogegen er ihnen Lauterstein, das Städtchen Zöblitz und das Dorf
Schlettau mit allen Zubehörungen gegeben habe.**
Wartburg, d. 5. October 1323.
Zu Anm. 105.

Wir Frederich von Gotis gnaden lantgreve zcu Duringe
marcgreve zcu Misne und in dem Osterlande unde herre in
dem lande zcu Plysen bekennen an disem offen bryfe unde
tun kunt allen luthen di in geschen oder gehörn lesen, daz
uns die edeln hern burcgreve Albrecht von Aldenburg unde
burcgreve Otte von Lyznik sin eydem haben gelazzen unde
gegeben mit guten willen den drythen pfenning an dem gerichte zu Lypzk zcehen mark geldis in der muntze zcu
Vryberg zwentzyk mark geldis in dem geleyte zcu Vryberg
und zcehen mark geldis in deme zcolle zcu dem Hayne, di
si unde yr eldern von unsme liben vatere und unsem eldervatere zcu lehene gehabt haben unde di bryfe di sy von
unsem vatere und unsem eldervatere hatten ubir daz vor-

genante geldende gut. Di haben si uns wyder gegeben, darumme haben wir yn gegeben und allen yrn erben unde gelegen Lutersteyn und daz stetechen Zcobelin mit dem zcolle und mit alle dem guthe daz darzcu gehorit oder von aldere darzcu gehort hat beyde vorlehent und unvorlehent unde ledig gut mit manschaft mit dörfern unde welden mit vyscherie mit jayt mit gerichte mit alle deme nutze und mit alle deme rechte als iz der von Schellenberg gehabt hat unde daz dorf Sletyn mit allen andern wusten dorfstetben mit velde mit holtze mit wazzere mit alme nutze mit alme rechte und mit alle dem daz darzcu gehorit oder von aldere dar zcu gehorit hat, als sie gewest sint Henrichs unde Boyslawen von der Wyra und darnach der von Schellenberg gehabt hat, also daz si unde alle yr erben daz vorgenante gut sullen haben zcu rechteme lehene ane alle hyndernisse und daz wir yn unde allen yrn nachkomelingen daz stethe und gantz wollen halden ane argelist des gebe wir yn disen bryf zcu bekentenisse mit unserm jnsegele vorsegelt. Ouch sint iz gezcuge: di edeln herren greve Henrich von Swarzburg der eldiste, her Otte und her Otte von Bergowe di gebrudere, her Henrich Ruzze der iunge voyt von Plawen, her Henrich der eldere voyt von Gera unde Johans Grozze von Sewtschin und ander luthe vil di sich rechte unde wol gehalden haben. Dirre bryf ist geschriben unde gegeben zcu Wartberg nach Gotis geburthe thusent jar drybundirt jar in dem dryundezwentzigsten jare an der nehesten mythewochen nach sente Mychahels tage.

(Nr. 2280. des Haupt-Staats-Archivs.)

XXIX.

König Ludwig benachrichtigt die Bürger zu Mühlhausen, daß er seinem Eidam, dem Markgrafen Friedrich, wegen 10,000 Mark Silbers als Brautschatz seiner Tochter Mathilde, Mühlhausen und Nordhausen verpfändet habe.
Donauwerth d. 9. Nov. 1323.
Zu Anm. 139.

Wir Ludowich von Gots gnaden Romischer chunig ze allen zeiten merer dez riches enbieten den bescheiden mannen den ratmeistern dem rat... und der gemain der purger zu Mulhusen unsern lieben getrewen unser hulde und allez gut. Wizzet daz wir unserm lieben fürsten und eydem Friderichen margrafen von Misne ze brutschatz und mitgab unserer lieben tochter Maechthilden gegeben haben zehen tusent march silbers und haben im dafür gesetzet ze pfande

unser und dez riches stete Mulhusen und Northusen mit
allem nutz und mit allem recht als wir wol getue mugn
nach recht und nach alter gewonheit der Romischen chunig
als unser briefe habent die wir im daruber gegeben haben.
Darumb wellen wir und gebieten euch, daz ir dem vorgenanten margrafen Friderich unserm eydem huldet und ge-
horsam und undertenich seit als ewern rechten herren, als
lang biz wir oder unser nachchumen an dem riche umb unsern vorgenanten eydem oder seinen erben abgelösen die
vorgenanten stete umb zehen tusent march silbers als vor-
geschrieben stet und im auch die gegeben. Und der vor-
geschriben sache sint gezuge unser und dez riches liebe getrewen: bruder Cunrad von Gundelfingin zu der zeit meister
des deutschen Ordens in deutschen landen, Bertolt von
Hennemberg, Bertolt von Greispach, Friderich von Truben-
dingen, Bertolt von Marsteten genant von Nyfen, Henrich
von Swartzburch, grafen, Friderich burgrafe von Nuremberg,
Cunrad von Sluzzelberg, Urich lantgrave von Lwkemberg,
Albrecht burgrave zu Aldemburch und Henrich vogt von
Plawen genant Ruzze die alle dobei sein gewesen unde
die ez gehört und gesehen haben. Der brief ist geben zu
Werde an der mitwochen vor Martini in dem zehenden jare
unsers Riches.

(Nr. 2283. des Haupt-Staats-Archivs.)

XXX.

Landgraf Friedrich anweist an Albrecht, Burggraf von Altenburg,
und Otto von Bergowe d. ält. alle ju Finsterwalde sitzende
und gehörige Leute, Geistliche, Ritter, Rittermäßige, Kaufleute
und Bauern. Gotha, d. 9. Januar 1324.
Zu Anm. 108.

Wyr Friderich von Gotis gnaden lantgrave tzu Duringen
marcgrave tzu Misne und in dem Ostirlande und herre in
dem lande tzu Plysne wyesen an die edeln herren Albrechte
den burcgraven von Aldenburg und Otten von Bergowe den
elderen alle die luyte die do sitzen oder gehorrn tzu Vinn-
sternwalde beide tphaffen rittere und rittirmesige luyte,
konfluyte und gebure (Bauern) mit alle irme gute mit dinste
mit allen dingen und mit allem rechte, als sie her Johannes
von Landisberg vor gehat habit, das sie sich an allen dingen
an sie sullen halden und sullen in alle wys kegin jn tun,
als si kegin irn rechten herren tun sullen. Und das wyr
das heysen und mit unsem willen sie des sind getzuge: der
erberliche man her Walter der tumprabist von Misne, greve

Heinrich von Swartsburg der jungere, Heinrich der junge
voyt von Plawen der do heist Ruze, Bertold der Vitstum
von Ecstete und Petir Portzk unse marschalc und andir
luyte vil die sich rechte und wol gehalden habin. Dartzu
uf eine grosere wissenschaft gebe wyr dissen brief mit
unsme jngesigele vorsigelt, der geschrieben ist tzu Gota nach
Gotis geburt tusent jar drihundirt jar in dem virunczwenc-
ziesteme jare an dem nesten mantage noch dem obirsten
tage.
(Nr. 2294. des Haupt-Staats-Archivs.)

XXXI.

Landgraf Friedrich beleiht die Burggrafen Albrecht von Altenburg
und Otto von Leißnig, dessen Eidam, mit der Stadt Waldheim,
allen dazu gehörigen Dörfern, Gütern und übrigem Zubehör.
Gotha, d. 25. Juli 1324.
Zu Anm. 108.

Wyr Frederich von Gotis gnaden lantgrave tzu Duringen
marcgrave tzu Mysen und in dem Osterlande und herre in
dem lande tzu Plysen bekennen an dissem offen brieve und
tun kunt allen luyten, die jn gesehen oder gehoirn lesen,
das wyr die stat Waltheim mit allen den dorfern die dartzu
gehoirn oder in aldere dar tzu gehoirt haben wuste oder be-
satzt und mit alle dem gute das dartzu gehoirt oder von
aldere dartzu gehoirt hat beyde ledig und vorlenit in veylde
oder in dorfern mit holtze mit vischerie mit gerichte mit alle
dem nutze mit alle dem rechte und mit allen den eren als
sie unse eildern hatten, geliegen haben rechtlichen und rede-
lichen tzu rechtem lene den edeln herren Albrechte dem
burcgraven von Aldenburg und Otten dem burcgraven von
Lysnik sinem cydem und allen jrn erben und wolde sie an
dem vorgenantem gute jmant hindern, das sulle wir jn unt-
werren und ledigen noch lantrechte. Und das wyr jn das
stete und gantz wollen halden ane hindernisse und ane alle
argelist, des gebe wyr jn dissem brief tzu bekentnisze mit
unsern jngesigele vorsigelt. Ouch sint js getzuge: der erberliche man her Walter der tumprabist von Misen und die
edeln herren greve Heinrich von Swartsburg der eyldeste,
Otto von Bergowe der eyldere, Heinrich der junge voyt von
Plawen dem man heysit Reuze, Heinrich und Heinrich die
brudere die voyte von Gera und andir luyte vil die sich
rechte und wohlgehalden han. Dirre brif ist geschriben und
gegeben tzu Gotha nach Gotis geburt tusent jar drihundirt
jar in dem virunczwensicsteme jare an sencte Jacobes tage.
(Nr. 2318. des Haupt-Staats-Archivs.)

XXXII.

König Ludwig verpfändet im Jahre 1326 seinem Eidam, dem Markgraf Friedrich dem Ernsthaften, abermals die Städte Altenburg, Chemnitz und Zwickau, sowie das Pleißnerland wegen ihm versprochener 3000 Mark Silbers für die von ihm in Brandenburg geleisteten Dienste, und 8000 Mark Silbers wegen angeblich gehabter Schaden.

Ludwig, Römischer König, verpfändet das Haus und die Stadt zu Albenburch, die Städte Chemnitz und Zwickau und das Land zu Plysen mit Leuten, Gütern, Gerichten, Lehen ꝛc. seinem lieben Fürsten und Eidam, Friedrich Landgraf von Thüringen ꝛc. wegen 13,000 Mark Silbers, nehmlich 2000 Mark, die Kaiser Heinrich ihm, 3000 M., die er, Ludwig, wegen seiner geleisteten Dienste ihm gegeben, und endlich 8000 M., die er ihm um seinen gehabten Schaden gegeben. Zeugen: Bertold Graf von Hennenberg, Bruder Cunrat von Gundolfingen, Meister des deutschen Ordens in deutschen Landen, Friedrich von Truchenbingen, Bertold v. Nyssen, Albrecht, Burggraf von Albenburg, Heinrich der Lange von Plawen, Heinrich v. Plawen genannt Ruzze, Heinrich v. Wida, Voigte. Gegeben zu Nürnberg, den 21. April 1326.

(O. 2362. des Haupt-Staats-Archivs in Dresden.)

XXXIII.

Der von dem König Ludwig dem Markgraf Friedrich zu Meißen am 23. Juni 1329 zu Pavia ertheilte Lehnbrief über das Burggrafthum Altenburg.

Littera feodi super purcgrauiatum Aldemburgensem.

Ludowicus quartus Dei gracia Romanorum jmperator semper augustus jllustri Friderico marchioni Missenensi principi ac genero ejus karissimo graciam suam et omne bonum. Imperialis beniuolentia erga suos principes et maxime circa sibi federe vinculi connexos multum afficitur quomodo in reconpensam fidei et promptitudinis eorundem ipsorum tanquam benemeritorum semper cura vigili augeat gloriam et honorem. Cum igitur nobis et sacro Romano imperio purcgrauiatus in oppido nostro regali Aldemburg per obitus burcgrauiorum quibus racione feudi de parte dicti jmperii debebatur vacare dinoscatur et ad nos ac nostram disposicionem denolutus sit pleno jure. Exigentibus sinceritatis tue meritis, necnon eciam pensantibus nobis quod ipsi imperio per hoc plus astrictus efficeris et teneris in fidelitatis obsequio et amore, tibi ac heredibus tuis prefatum burcgrauiatum in Aldemburg cum vniuersis ejus juribus dignitatibus honoribus et prerogatiuis emolimentis et pertinentibus quibuscumque jn iustum et rectum feodum do plenitudine nostre maiestatis liberaliter concedimus et donamus nostro et jmperii nomine recti et iusti feodi inperpetuum tenendum et liberaliter possidendum, facientes te tuo ac heredum tuorum nomine verum et legittimum burcgrauium de burcgrauionatu jn Aldemburg supradicto, mandantes vniuersis et singulis vasallis et hominibus purcgrauiatus predicti, vt tibi ac tuis heredibus de vniuersis ac singulis juribus dicti burcgrauiatus plene respondeant et tibi ac tuis heredibus prefatis tamquam vero et legittimo purcgrauio seu purcgrauijs per fidelitatis omagia et sicut alias hactenus consuetum fuit in omnibus fideliter pareant et intendant, sicut indignacionem nostram et grauem maiestatis nostre offensam voluerint euitare. In cuius rei testimonium presentes conscribi et sigillo maiestatis nostre iussimus communiri. Datum Papie vigesima tertia de Junii anno domini millesimo trecentesimo vigesimo nono, regni nostri anno quintodecimo jmperii vero secundo.

(Jn Abschrift Blatt 46b. Cop. 1316. Lib. 1. confederacionum etc.).

XXXIV.

Der Hoch- und Teutschmeister Dietrich von Altenburg berichtet an den Mark- und Landgraf Friedrich von Meißen und Thüringen, in welcher Weise der zwischen dem König von Polen und dem teutschen Orden zeither bestandene Streit im Jahre 1335 durch die schiedsrichterliche Entscheidung der Könige von Ungarn und Böhmen beigelegt worden sei. Straßberg, am 18. Januar 1335.

Serenissimo ac magnifico principi domino Frederico Dei gracia Thvringie lantgrauio Misnensi et Orientali marchioni dominoque terre Pliznensis fautori nostro gracioso frater Theodericus de Aldenburg ordinis fratrum hospitalis beate Marie Thewtonicorum Irosolimitanorum generalis magister cum recommendacione sui parata et beniuola ad singula beneplacita voluntatem. Ad vestre magnificencie serenitatem presentibus deducimus cupientes vos scire tamquam dominum nostrum graciosum, quomodo facta sit concordia inter regem Polonie parte ex una et nos fratresque nostros ex altera per inclitos principes reges Ungarie et Boemie qui tamquam arbitri et conpromissarii communiter inter nos electi nostrum hinc inde pensantes propositum tandem post plurimorum placitorum tractatum in hoc dicti domini reges Vngarie et

Bohemie concordarunt, vt terras Culmensem et Pomerensem quas ab antiquo possedimus debeamus a modo pacifice et inquiete et absque omni inpeticione regis Polonie ac ejus successorum et progenitorum perhenniter possidere. Super quo litteras renunciacionis et super perpetuam concordiam in antea nobiscum habendam dabit nobis, terras vero quas tempore gwerre et conflictus adiutorio Dei mediante et manupotenti conquisiuimus illas sibi reddemus ad pronunciacionem arbitrorum. Dum tamen predicta paccio et ¡exhibitio litterarum, vt in placitacione condictum est, nobis fuerint presentate que si nobis tradite fuerint terras eis restituendas resignare volumus et in tali conposicione permanere quas si percipere et habere nos non continget verissime terras memoratas et sic conquisitas eidem nullo modo resignare volumus nec valemus nec in eadem concordia et conposicione stabimus modo aliquali nisi habitis caucionibus et munimentis supradictis. Hec vestre magnificencie tamquam fautori nostro singulari studuimus sub confidentia reuelare studioso cum affectu deposcentes quatenus negocia nostra sicut de vobis confidimus vestra promocione ac piis vestris fauoribus dignemini confouere pro quo ad singula beneplacita vobis perpetuo volumus obligari. Datum in Strasberch quarta feria post dominicam qua cantatur Omnis terra.

(O. 2677. des Haupt-Staats-Archivs.)

XXXV.

Der Hoch- und Teutschmeister Dietrich von Altenburg ordnet in einer von der Marienburg aus im Jahre 1338 gegebenen Urkunde an, in welcher Weise das Visitationsamt seines Ordens, nach der geprüften Ordnung desselben, auszuüben sei.

Zu Anm. 112.

Frater Theodericus de Aldenburg ordinis hospitalis beate Marie Thewtunicorum Ihrosolomitanorum generalis magister religiosis ac deuotis viris commendatoribus vicecommendatoribus necnon fratribus vniuersis per Bohemiam et Moraviam constitutis salutem et sinceram in domino caritatem. Quoniam a patribus primitiuis sacrarum religionum fundatoribus pro regularis vite perfectione ac pestifere deprauationis more suffocando visitationis officium debite salubriter est inventum, hinc est fratres in domino karissimi quod nos habito maturo consilio et consensu vnanimi fratrum officialium capituli nostri videlicet Lutolfi Koning magni commendatoris, Heinrici Dusiner marschalci, Sygfridi hospitalarii et commendatoris in Elbingo, Hartungi trapparii et commendatoris in Kirsberg, Dithrici de Blumenstein thezaurarii totiusque conuentus domus nostre Marienburg principalis, viris religiosis et discretis presencium exhibitoribus fratri Johanni de Wellen et fratri Hermanno sacerdoti commendatori et plebano de Nova domo commisimus secundum approbatam ordinis nostri consuetudinem visitationis officium peragendum, eisdem dantes plenam et omnimodam auctoritatem et potestatem in omnibus et singulis que ad visitationis officium pertinent in omnes fratres et personas ordinis indifferenter nullum etiam excipiendo infra limites parcium ad quos diriguntur exercendi secundum termina et defectus quoscunque manifestos seu occultos. Sane vniuersitatem vestram cupimus non latere, quod more felicium nostrorum predecessorum nos indempnitati animarum nostro regimine commissarum consulere et cauere cupientes et vt crimina occulta que plerumque inulta et indiscussa remanent digna animaduersione puniuntur. Diuina nobis gracia inspirante statuimus firmiter obseruandum, quod visitatores nostri predicti cum eis crimen alicuius fratris occultum per delacionem alicuius seu aliquorum detectum fuerit et causa huius sceleris perpetrator duorum fratrum vel plurium testimonio vinci non poterit nec ad condignam penitenciam reuocari aut compelli ad preceptorem seu commendatorem sub quo frater delatus habitat crimen commissum deferant et eundem cum tribus aliis eiusdem balic fratribus melioris vite et fame sibi assumptis vna cum eisdem de fama opinione et vita fratris sic delati investigent diligenter et perquirant, et si nominatum fratrem ordinis nostri dicti reum inuenerint extunc visitatores iamdicti fratrem annuali penitencia auctoritatem puniendi habeant uel ipsum reiciendi ab ordine si hoc enormitas demeruerit delinquentis ut pena delicto quo respondeat et in eo in quo deliquit rationabiliter puniatur. Preceptor vero et fratres sic per visitatores vocati et assumpti sicut ipsi visitatores crimen sibi relatum ocultare tenebuntur et celare, cauendo sollicite ne nomina fratrum ad scrutinium huiuscemodi assumptorum cuiquam exprimantur aut reuelentur, nec eciam nomina fratrum si quos consequenter assumi in eadem causa accideret detegantur ymo nec primi istos aut econuerso vltimi precedentes certa notitia recongnoscant, sed omnes taceant et ocultent factum et personas sicut officium visitationis exigit et requirit. Porro si commendator aut aliquis aliorum fratrum assumptorum assumendi secundum premissa accusatum seu delatum excusare captaret minus iuste tamquam partem eius fouens quodam colore seu quouismodo visum fuerit aut suspectum. Eundem visitatores a se abiciant loco sui ad dictum officium exsequendum alium quem ad hoc ydoneum inuenerint eligendo. Preterea statuimus vt prelibati nostri visitatores a quolibet fratrum, an orationem dominicam et simbolum sciat, audiant et perquirant et si quid quod absit alterum eorum uel utrumque ignorare contigerit et hoc invenerit ipsum ea castigatione et pena puniant, que ignorantibus talia in statutis et regula ordinis sit inflicta. Ceterum statuimus vt idem nostri visitatores fratres de domo ad domos in baleis prenotatis transferendi et omnia officia tam maiora quam minora inmutandi, prauas eciam consuetudines abolendi secundum quod eis melius videbitur expedire secundum condicionem personarum et locorum congruentiam presentibus liberam habeant sicut nos potestatem. Sique vnus eorum vrgente infirmitate uel morte preueniente quod absit aut quocunque alio inpedimento obstante ita quod in officio conmisso procedere non valeret defecerit extunc alteri auctoritatem nostram conferimus per presentes quod alium fratrem dicte nostre professionis in socium sibi assumat. Illi autem qui sic assumptus fuerit debite obedientie officium exhibebitis per omnia tamquam primo. Demum vestram dilectionem presencium tenore requirimus diligentius deposcentes, quatinus eisdem nostris visitatoribus ipsisque concomitantibus, inequitaturis, conductibus, expensis et omnibus aliis necessariis apud vos manendo recedendo et denuo redeundo quotiens a vobis requisierint ob nostri reuerentiam curetis sollicite prouidere ne ipsorum officium sentiat inpedimentum aliquale. Circa eosdem visitatores in omnibus et singulis tam denotos et beniuolos tamquam vere obedientie filii vos habentes vt vestra laudabilis subiectio et obedientia ab altissimo retributore brauio eterne salutis possit feliciter premiari et a nobis pro inde merito conmendari. In quorum omnium euidenciam et munimen sigillum nostrum presentibus est appensum. Actum et datum Marienburch anno domini millesimo trecentesimo tricesimo octauo in die sancti Andree apostoli.

(O. 2819. auf Pergament mit anhängendem Siegel.)

XXXVI.

Die durch König Karl IV. (den Sohn des Königs Johann von Böhmen) im Jahre 1350 vollzogene Belehnung der Söhne Friedrichs des Ernsthaften, der Markgrafen Friedrich, Balthasar, Ludwig und Wilhelm von Meißen, mit dem Burggrafthum Altenburg.

Wir Karl von Gots gnaden Romischir kunig zcw allinzcieten merer des riches vnd kunig zcu Behemen voriehen vnd tun kunt offintlich mit dessem brieue allen den die jn sehin ader horen lesen, das wir den hochgebornnen Friderichen Balthasar Ludwigen vnd Wilhelmen lantgrauen zcu Doringen marcgrauen zcu Missen in dem Ostirlaude vnd zcu Landisperg grauen zcu Orlamnnde vnd herren des landes zcu Plissen vnsiru liben ohemen vnd fursten vnd allen iren erbin gelihen haben vnd libin recht vnd redelich zcu rechten lehen das burcgrauenampt zcu Aldemburg den mantelturm vnd allis das gut wie das gnant sey das darczu gehoret mit allen nutzcen mit allen rechten vnd mit aller fryheit als man es von alder von dem rich gehabt hat. Des sin geczuge der erwirdige Johann bischoff zcu Olmuncz vnser liber oheim vnd furste vnd die edeln Wilhelm von Landstein, Wancke von Wartemberg, Bothe von Turgaw herre zcu Arnow, Friderich von Schonnburg herre zcu Hassenstein, Thime von Coldicz, Albrecht von Malticz vnd Arnold Judemann vnsir liben getruwen. Mit urkunde disz brieues versigilt mit vnsirm kuniglichim jusigil der gegebin ist zcu Budissen nach Cristi gepurt driczenhundert vnd funffezig jar des nesten sonnabindes nach vnsir frawen taglicht wyunge ym vierden vnsir riech.

(Jn Abschrift Bl. 51ᵇ. Cop. 1316. Lib. 1. confederacionum etc.)

Der dicke Thurm ist der Mantelthurm (seit 1601 Flasche genannt.)